MARK BENECKE

präsentiert

BERLIN MIT *RISIKEN* UND *NEBENWIRKUNGEN*

DAS NEUE BERLIN

Inhalt

UNTERWEGS IN BERLIN

DIE DUNKLE SEITE

Mark Benecke auf den Spuren der Pharmazie in Berlin; hier vor dem Naturkundemuseum in Mitte (Invalidenstraße 43)

VORWORT
von Dr. Mark Benecke

Das Blut in den Adern der Stadt

Vom ängstlich bis wütend verdammten Ansturm der Schwäbinnen und Schwaben hat sich Berlin erholt. Jahrelang hatte sich diese eigentlich südwestlich lebende Menschengruppe in der Hauptstadt ausgebreitet. Das Schwaben-Thema – letztlich bloß ein verdrehter Kulturschock – ist mittlerweile kanonisch. Jetzt werden RollkofferfahrerInnen geschmäht: Wer einen hat, ist ein *Tourist*.

Als TouristIn in Berlin zu sein, das sehen die Einheimischen gerne als etwas Doofes an. Dass viele von ihnen selbst noch vor kurzem in Brandenburg lebten und nur deswegen auch sprachlich nicht auffallen, und dass sie dank der S-Bahn eben keinen Rollkoffer benötigen, spielt keine – pun intended – Rolle. Allerdings, es stimmt schon: Im Sommer und Herbst 2016 kriegte ich in vielen meiner üblichen Berliner Unterkünfte kein Zimmer mehr. Es ist also touristisch wirklich einiges los.

Doch keine große Stadt lebt vom Tourismus, auch nicht Berlin. Viele Menschen glauben trotzdem daran und meinen, dass nicht nur Berlin, sondern auch in erkennbar ganz andere Geldströme eingebundene Weltstädte wie London oder New York nennenswert Kapital aus BesucherInnen schlagen: die Sehenswürdigkeiten, der touristische Shoppingrausch! Doch keine

Arzneimittelwerbung zu DDR-Zeiten, hier am Schiffbauerdamm, direkt neben dem Friedrichstadtpalast, 1976

Pauschalreise zum Musical nebst Sektchen zum Empfang, *Europe in Ten Days* oder eine Silvestertour durch Kreuzberg, ja nicht einmal der edle Gin Tonic mit Rosmarinzweiglein befestigt den Haushalt einer Stadt.

Wer arm, aber sexy ist, der geht sogar schon dann pleite, wenn, wie beim Berliner Bankenskandal im Jahr 2001, ein Haufen Schrottjongleure wenige Milliarden versenkt. Den damit zusammenhängenden, nicht finanziellen, sondern körperlichen Tod des den Bankenskandal durchwurschtelnden Programmierers habe ich miterlebt: Zur Nachstellung seiner Tötung hing ich mit einem Seil am selben Ast desselben Baumes im Grunewald, an dem der Nerd gebaumelt hatte.

Wovon also leben Städte und Regionen? Besonders, wenn sie – anders als im bienenfleißigen Schwaben – nicht flächendeckend mit »mittelständischen« Firmen oder Autofabriken vollgepflastert sind? Für Berlin heißt die Antwort: Nicht ohne Pharma. Am Hauptbahnhof war das bis Sommer 2016 sogar fett plakatiert. Die Leuchtreklamen waren aber nur für Reisende zu sehen, welche es zu den Gleisen des Tiefbahnhofs zog, sprich dorthin, wo die Fahrten nach Luckenwalde, Schwerin und München stattfinden. Die Pharma-Werbung duckte sich also auch hier ziemlich in die Ecke, denn wer will schon aus Berlin nach Luckenwalde oder München fahren?

Auch die dem Berliner Hauptbahnhof nahe gelegene Charité würde den Teufel tun und sich das Lob oder gar die Logos von Big or Middle Pharma aufs Dach setzen. Solch ein Logo auf dem Dach hört sich schräger an, als es ist: Bayers Leuchtkreuz schwebt seit 1933 (Neubau 1958) über Leverkusen, kleinere Ausgaben davon auch über anderen Städten im Westen. In Berlin findet sich das Zeichen auf dem Hochhaus am Hardenbergplatz, direkt vor dem Bahnhof Zoo, der immerhin auch mal Berliner Hauptbahnhof war. Ansonsten: Pharma-Fehlanzeige.

Pharmazeutisches Ladengeklimper

Warum diese Verhaltenheit einer echt fetten Industrie? Wie groß muss ein Forschungs- und Vertriebszweig werden, bis er wie beispielsweise die Autofirmen Ford in Köln oder BMW in München von praktisch allen Einheimischen bedingungslos geliebt wird?

Well, »Pharma« steht heute für das – im Gespräch oft gar nicht verhandelbare – Gegenbild zu allem, was klein, bunt, flitternd, lustig oder gar naturnah ist.

Beziehungsweise wäre. Denn trotz urbaner Fischtanks und Bienenstöcken auf Berliner Flachdächern und trotz saucooler, edel verschlankter Fahrräder und wilder veganer Kreationen (ich bin Veganer, alles gut) hängt unser Leben nun doch davon ab, dass uns am Tag X ein Medikament rettet oder Schmerzen erspart. Die in Berlin weit verbreiteten Geschlechtskrankheiten – wenn man so will, einschließlich der noch viel verbreiteteren Harnleiterentzündungen – erzeugen zwar manchmal kaum Schmerzen, aber Medikamente braucht man eben doch. Von Krebs (in der DDR treffender »Neubildung« genannt), HIV und selbst Fußpilz will ich gar nicht erst sprechen.

Natürlich ist auch menschliche Nähe heilsam. Sie ist aber nicht das klare Wasser, aus dem Wirkstoffe stammen. Die, noch einmal: auch die gegen Krebs, Fußpilz und Geschlechtskrankheiten wirksamen Stoffe werden im Labor ertüftelt und gebaut. So ein Labor sieht heute eher wie ein Holodeck aus, aber gut.

Dann folgt die Vermarktung. Dass sie ihre ekligen Seiten hat, im Pharma-Bereich teils sogar sehr eklige, ist bekannt. Doch ich möchte im vorliegenden Buch lieber den Kern des pharmazeutisch Heilsamen und seine kulturelle Garnitur vorstellen. Der öfters schreiende Hass gegen Vermarktungshits verdeckt, dass es hinter dem Ladengeklimper auch eine kindlich spannende, geschichtlich interessante und wirtschaftlich vorhandene Wahrheit der Berliner Pharmazie gibt.

Dazu zählt erstens, dass unsere soziale und politische Welt ohne Medikamente radikal anders aussähe. Die Beispiele der alles verändernden Antibabypille, europaweit

Die Grenze zwischen Medikament und Beauty-Produkt ist nicht immer eindeutig, wie hier bei der Werbung für das Zunahme-Mittel Eta-Tragol, 1922

erstmals 1961 von der Berliner Firma Schering verkauft, sowie des Insulins (Berlin-Chemie verkauft es sogar unter dem Markennamen »Berlinsulin«) kennen viele BerlinerInnen.

Weniger bekannt ist, dass PatientInnen mit chronischer lymphatischer Leukämie erst seit 2013 durch den Wirkstoff Obinutuzumab zusammen mit dem nicht so katastrophal den Körper angreifenden Chemotherapeutikum

Chlorambucil eine gute Heilungschance haben. Solche Medikamente sind nur zäh zu entwickeln. Denn niemand im Labor weiß, warum die meisten Krebsmedikamente nicht funktionieren oder für die eigentlich gesunden Körperbereiche oft saugiftig sind. Letztlich probieren die KollegInnen also grob informiert im Nebel, heute der Erbsubstanz, herum. Das eigentlich als Herzmedikament beforschte Viagra ist das heute bekannteste Beispiel für solche forscherischen Schlingerlinien.

Pharma-Hauptstadt Berlin

Nun kenne ich genügend Pharmaskeptiker. Manche von ihnen sagen, dass sie im Ernstfall einfach keine Medikamente nähmen. Komisch nur, dass ich das *in praxi* noch nie erlebt habe. Schon in der Universität staunte ich bei einer - damals noch sehr grundsätzlichen - Debatte in der heilpädagogischen Fakultät darüber, dass mehrere Studierende sowohl Medikamente als auch Organtransplantationen angeblich ablehnten.

»Sie würden also aus Prinzip lieber Ihr Augenlicht verlieren«, fragte der erkennbar verwirrte Mediziner damals an der Tafel, »als sich eine Horn- oder Netzhaut einpflanzen zu lassen?«

»Ja«, sagten mehrere Anwesende mit fester Stimme, »das würden wir!«

Wie nun aber jeder von uns weiß, ist das im besseren Fall eine studentische Fantasie, im schlechteren Fall eine Lüge. Kein Mensch verzichtet freiwillig bei Erblindung in jungen Jahren, starkem Schmerz, Blutvergiftung,

Eine der ersten Pharma-Forschungsstätten Berlins: das Graue Kloster in Mitte; hier die Ruine der zugehörigen Klosterkirche nahe des Alexanderplatzes

chronischen Erkrankungen oder selbst einem Beinbruch auf die notwendigen Medikamente.

Das ist die eine Tatsache.

Die andere ist, dass beispielsweise Pfizer und Sanofi, beide seit einigen Jahren mit Niederlassungen in Berlin vertreten, mit ihren jeweils über tausend MitarbeiterInnen (und einer nochmals vierstelligen Zahl in Brandenburg) auch große Arbeitgeber sind. Reichlich ForscherInnen der Charité hätten ohne Industrie-Unterstützung keine Stelle. Das kann man finden, wie man will, es ist aber die zweite Tatsache.

Der dritte Grund, warum es sich lohnt, auch einmal entspannt den historischen und touristischen Spuren der Berliner Pharmazie zu folgen, ist zugleich der lustigste. Denn ohne »Pharma« wäre unser urbaner Lebensstil mit Sport, stets verlässlichen Gesundheits-Checks, aber auch der ganzen Quatsch-Kosmetik natürlich nicht drin. Zwischen Kunst, Kosmetik und Chemie gibt es zwar Grenzen, doch spätestens in den Apotheken fallen sie. Das war schon immer so. Neben den evidenzbasiert (so heißt das heute) wirksamen Medikamenten gibt es dort beispielsweise schon immer Faltencremes. Was mir daran gefällt, ist, dass selbst die Hersteller nur sagen, dass diese die Faltentiefe ein wenig mindern, aber garantiert nicht die Anzahl derselben. Es gibt Drops und Bonbons, farbige Klebebänder, die angeblich Gelenke und Muskeln beeinflussen sollen, Zuckerkügelchen, in denen nichts außer eben Zucker ist, und vieles mehr, was schöne und manchmal auch hilfreiche Placebos darstellt. Was es nicht mehr gibt, aber lange gab, ist zerriebenes Mumien-Gewebe, gerne auch gefälscht. Aber das ist eine andere Geschichte.

Kurz gesagt: Es ist die Nachfrage, welche die Arzneimittelhersteller, die in Berlin groß aufgestellt sind, am Leben erhält. Auf der Tagung der Deutschen Gesellschaft der Naturforscher und Ärzte im September 2016 wurde geschätzt, dass ohne Medikamente und Kunstdünger statt bald acht nur eineinhalb Milliarden Menschen leben würden. Falls Sie ein kolonialistisch angehauchter Misanthrop sind: Ja, auch ein größerer Teil Ihres FreundInnenkreises würde nicht (mehr) existieren. Pocken, Masern, Kinderlähmung, Krebs und die Pest – neuerdings auch wieder ganz schön fies: die echte Grippe – beweisen, dass das Ende viel näher ist, als es an einem großstädtischen Sommertag am Alex, am Potsdamer Platz oder an der Warschauer Straße erscheint.

Natürlich heißt das nicht, dass wir nun alles mögen müssen, was bequem ist. Ich bin Veganer, weil dadurch nicht nur Tiere in Ruhe gelassen, sondern auch das Zehn- bis Hundertfache an Wasser mühelos gespart wird. Und ich bin bedingungslos dafür, richtig viel Geld in Verfahren zu stecken, die Tierversuche beenden, und habe sogar das

Logo der Berliner Behörde auftätowiert, die darin weltweit führend ist: das Bundesinstitut für Risikobewertung (BfR). So wie die pharmazeutische Forschung mit der Entdeckung und Vermarktung von Teerfarben begann, ohne deren nach 1860 von Hoechst, Bayer und BASF erzielte Gewinne es die heute bekannten Medikamente und deren Grundstoffe nicht oder erst sehr viel später gegeben hätte, so wird es auch künftig noch viele gewundene Wege geben, die uns das Leben oft erst elementar ermöglichen. Wenn wir leben wollen, so wie wir derzeit leben, dann geht das nur mit Small, Medium und Big Pharma.

Ich lade Sie ein, sich in den hier erzählten Geschichten an die Orte pharmazeutischer Tätigkeit und großer Entdeckungen zu begeben, von scheinbaren Irr- und tatsächlichen Abwegen zu lesen und mit offenem Auge und Herzen die vorgeschlagenen, etwas anderen Ausflugstipps durch Berlin zu verfolgen. Denn dass das gleichnamige Blau mit Frankensteins Monster zusammenhängt, Fontane eigentümliche Erfahrungen mit Brechwurz machte und Gasgranaten näher am Likör liegen können, als es schön wäre, das ist nicht nur kulturhistorische Klingelei, sondern mal ein wirklich anderer und spannender Blickwinkel auf die Hauptstadt.

Wohl UND *Wehe* DER ALCHEMISTEN

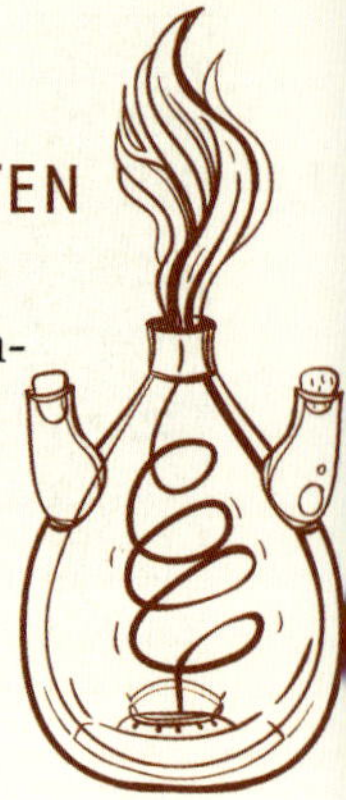

Was wir heute pharmazeutische Forschung nennen würden, war früher Teil der Alchemie. Dort lief alles zusammen: die Suche nach Wirkstoffen und chemische Experimente ebenso wie die Metallurgie inklusive der ewigen Versuche, Gold herzustellen.

Eine der schillerndsten Gestalten dieser Zeit war Leonhard Thurneysser, geboren 1521 in Basel und gelernter Goldschmied. Schon als Jugendlicher half er parallel bei einem Apotheker aus, besorgte Kräuter, rührte Mixturen – und las dem alten Herrn aus Paracelsus' Schriften vor, die ihn selbst über alle Maßen faszinierten. Paracelsus war im 16. Jahrhundert der Erste, der die alchemistischen Prinzipien systematisch auf die Arzneikunde übertrug. Sie besagen, dass die Welt nur aus den vier Elementen Feuer, Wasser, Erde und Luft besteht, die ineinander umwandelbar sind – deshalb ist alles in alles transformierbar, also auch jeder Stoff in Gold oder eine Universalmedizin. Für Medikamente interpretierte Paracelsus das so, dass man nicht länger Extrakte aus allen möglichen Zutaten mischen, sondern Wirkstoffe isolieren und veredeln sollte. Die sogenannten Chemiatrika waren geboren, Arzneien aus chemisch gewonnenen reinen Wirkstoffen.

Thurneysser bildete sich autodidaktisch in viele Richtungen weiter: Hüttenwesen, Astrologie, Anatomie, Pflanzenkunde. Doch in die Geschichte ging er nicht

Leonhard Thurneysser, Wunderdoktor am Hofe des brandenburgischen Kurfürsten

als Universalgelehrter ein, sondern als Halsabschneider und Scharlatan.

Thurneyssers wechselvolle Karriere begann mit der Verwicklung in eine Betrugsaffäre, so dass er Basel mit nur 17 Jahren verlassen musste und der bürgerlichen Rechte enthoben wurde. Nach etlichen Reise- und Studienjahren gelangte er nach Frankfurt an der Oder, wo der brandenburgische Kurfürst Johann Georg auf ihn aufmerksam wurde. Thurneysser hatte mittlerweile mehrere Bücher verfasst und gerade die Behauptung aufgestellt, in den Brandenburger Flüssen, insbesondere in der Spree, lägen Gold und Edelsteine, die man nur einsammeln müsse, statt teure Bergwerke einzurichten. Der Kurfürst war begeistert, und als Thurneysser auch noch dessen Gemahlin kurierte, wurde er 1571 zum kurfürstlichen Leibarzt ernannt und erhielt ein eigenes

Labor im Grauen Kloster zu Berlin. Damit begannen für Leonhard Thurneysser fette Jahre. Er verstand es perfekt, aus seinem Können, das ganz im Geiste der Zeit echte Wissenschaft mit Aberglauben verband, Profit zu schlagen. Er stellte als wohl erster Versandapotheker Europas Ferndiagnosen anhand von Beschreibungen und Harnproben – gegen Vorkasse von zehn Talern –, um dann teure Arzneien aus Gold, Edelsteinen, Perlen und Pflanzenextrakten an den Patienten zu bringen. Zudem verkaufte er astrologische Geburtsorakel, Talismane und magische grafische Symbole. Er lebte auf großem Fuß, kleidete sich in schwarzen Samt und Seide, fuhr im Vierspänner vor und ließ sich von Edelknaben begleiten. Thurneysser war wahrlich ein Mann von Welt; weitgereist von Äthiopien bis Schottland, korrespondierte er mit Kaiser Maximilian II. ebenso wie mit der englischen Königin Elisabeth I. Und er sammelte leidenschaftlich: Silberzeug, Gemälde, seltene Handschriften, Bücher, Waffen. Berlin verdankte Thurneysser ein erstes Naturkundemuseum, den ersten zoologischen und botanischen Garten, eine exzellente Druckerei, die Weiterbildung zahlreicher Apotheker und Mediziner sowie Wohltätigkeiten wie die Restaurierung der Klosterkirche. Nicht zu vergessen zweihundert Arbeitsplätze.

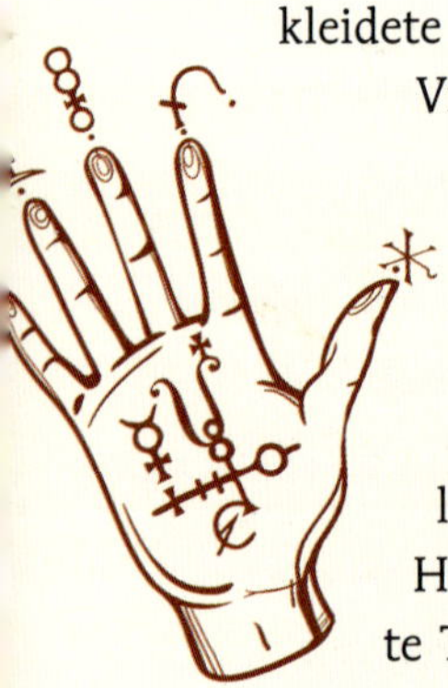

Als 1575 seine Gattin starb, entschloss sich Thurneysser, erneut zu heiraten und sich in seiner Heimatstadt Basel zur Ruhe zu setzen. Er verbrachte Hab und Gut in den Süden. Doch der Kurfürst wollte ihn nicht ziehen lassen. Weil er nicht nach Basel nachkam, verklagte ihn

Die Klosterkirche und angrenzende Gebäude des Klosters zu den Grauen Brüdern, wo Kurfürst Johann Georg seinem Leibarzt leerstehende Räume für Studien und Experimente zur Verfügung stellte

seine Ehefrau wegen Verstoßung, erhielt Recht und die Verfügungsgewalt über seinen gesamten Besitz. Thurneysser war wirtschaftlich und auch seelisch ruiniert, zumal nun immer mehr Neider auf den Plan traten, die ihn öffentlich als Scharlatan diffamierten, so dass er keinen anderen Ausweg sah, als 1584 bei Nacht und Nebel zu fliehen. Er verstarb verarmt um 1595 in einem Kloster bei Köln. 300 Jahre später würdigte man in Berlin den »Wunderdoktor des Kurfürsten« und benannte im Wedding die Thurneysserstraße nach ihm.

Anders als viele seiner Kollegen versuchte sich Thurneysser nie am »Stein der Weisen«: der Herstellung von Gold. Viele Jahrzehnte lang steckten Herrscher Unsummen in solche Forschungen, überzeugt, dass die gegenseitige Umwandelbarkeit der Metalle und somit die Herstellung von Gold aus unedlen Metallen möglich sei. Gold verhieß nicht nur Reichtum, es galt als

Wundermedizin. Hatte nicht schon Paracelsus den Beweis für solche Umwandlungsprozesse geliefert? Bewahrte man nämlich in einem Becher aus Antimon, einem silbrig glänzenden Metall, über Nacht Wein auf, so verwandelte er sich in ein Brechmittel – man interpretierte das als heilende Körperreinigung! So gewann man in der Alchemie gewissermaßen »aus Versehen« viele andere Stoffe, die wir heute noch nutzen. Das Wundermittel des Paracelsus allerdings – Kaliumantimonyltartrat, das sich bei chemischer Reaktion der Weinsäure mit dem Antimon bildet – ist pures Gift, aber bekanntlich gilt: »Die Dosis macht es.« Als Brechwein fand sich das Mittel bis ins 19. Jahrhundert in den Apotheken.

Als alchemistische Gruselstätte galt im Berlin des 17. Jahrhunderts die Pfaueninsel. Das Betreten war streng verboten. Während die Bürger über schwarze Magie spekulierten, experimentierte Johann Kunckel von Löwenstein im Auftrag des Großen Kurfürsten in Labor und Glashütte auf der Insel und erfand das sogenannte Goldrubinglas. Der Glaube, dass das im Glas enthaltene Gold seine wunderheilsamen Eigenschaften auf darin aufbewahrte Flüssigkeiten übertragen würde, machte das Glas äußert begehrt. Der Kurfürst war so zufrieden mit Kunckel, dass er ihm 1685 die Pfaueninsel übereignete. Doch nach dem Tod von Friedrich Wilhelm fiel der Glasmacher beim neuen Kurfürsten wegen seiner »kostspieligen Experimente« in Ungnade. Friedrich, nicht weniger als sein Vater auf die Goldmacherei erpicht und inzwischen zum König in Preußen gekrönt, brauchte ständig Geld für seine Hofhaltung. Da erfuhr er von einem alchemistischen Meisterstück – vollbracht hatte

Pfaueninsel im Südwesten Berlins, heute Weltkulturerbe und beliebtes Ausflugsziel, zu Zeiten des Großen Kurfürsten verbotenes Terrain und Wirkungsstätte des Alchemisten und Glasmachers Johann Kunckel

es Johann Friedrich Böttger, Lehrling beim angesehenen Apotheker Friedrich Zorn. Der talentierte Böttger hatte sein Wissen in der umfänglichen Zornschen Bibliothek erweitert, nur interessierten ihn mehr als Kräuterbücher die alchemistischen Schriften. In der ersten Etage der Apotheke am Molkenmarkt war das »chymische Laboratorium« untergebracht, versehen mit allen nötigen Gerätschaften, Chemikalien, Feuerherd und Schmelzofen. Der Hausherr hatte seinen Angestellten eigenmächtiges Experimentieren untersagt, Böttger aber hielt sich nicht daran. Schließlich gelang es ihm, seinem skeptischen Lehrherrn das »Goldmachen« vorzuführen. Zorn schrieb am 1. Oktober 1701 an den Löwenapotheker in Leipzig: »Nur dienet zur Nachricht wegen meines gewesenen discipuli, das in Gegenwart meiner von in 3 Lot

Zwei-Groschen-Stücken, so ich selbst geschmolzen, durch seine Tinktur, welches als ein dunkelrotes Glas war und nur ein Gran schwer, indem er es dareingetan, alsofort das feinste Gold an 3 Lot schwer und alle Proben ausgehalten.« Der König fühlte sich hintergangen und befahl Böttger stante pede ins Stadtschloss. Der floh nach Sachsen. Doch auch August der Starke hatte chronische Geldsorgen, da kam ihm dieser Goldmacher gerade recht. Er inhaftierte den Neunzehnjährigen auf der Festung Königstein und stellte ihm als Aufseher den Gelehrten von Tschirnhaus an die Seite. Der war einem anderen Geheimnis auf der Spur – und tatsächlich gelang beiden 1707 der Brand des ersten Hartporzellans.

In Preußen aber war die Staatskasse nach wie vor leer. Der König setzte auf einen neuen Favoriten, den Arzt und Alchemisten Johann Konrad Dippel. 1704 beauftragte er den gebürtigen Hessen mit der Goldherstellung. Dippel forschte jedoch vor allem an einer Universalmedizin, die er in Tieröl gefunden zu haben glaubte. Als »Dippels Tieröl« gehörte es die nächsten zweihundert Jahre zum Angebot einer jeden Apotheke – eine bestialisch stinkende Essenz aus Knochen und sonstigen tierischen Abfällen. Dippel destillierte seinen Sud mit Pottasche, die dadurch mit Hexacyanoferrat verunreinigt wurde. Und eben diese verdreckte Asche recycelte Dippels Kollege Johann Jacob Diesbach unwissentlich für andere Arbeiten, wobei er das Berliner Blau gewann, das erste synthetisch hergestellte Pigment. Dippel übrigens wird als Vorbild für Mary Shelleys »Frankenstein« gehandelt: Der Alchemist auf der Suche nach Unsterblichkeit wurde auf der Burg Frankenstein in Hessen geboren.

Apotheken mit SCHAU*wert*

*Berlin*Apotheke Hackescher Markt

In der Nähe des Hackeschen Marktes, an der Ecke Rosenthaler Straße/ Schönhauser Straße, steht man vor einer Apotheke, die von außen eher unscheinbar wirkt.

Die Geschichte dieser Apotheke reicht weit zurück: 1732 erhielt Dr. August Buddeus, Hofrat und Leibarzt von König Friedrich Wilhelm I., ein Apothekenprivileg in der Friedrichstadt. Dieser Vorgang ist doppelt bemerkenswert: Einerseits war und ist es Ärzten eigentlich nicht erlaubt, Apotheken zu führen, andererseits sollten laut königlichem Beschluss die Apotheken seinerzeit reduziert, nicht vermehrt werden. Buddeus muss also enormes Ansehen genossen haben. 1754 kaufte der Apotheker August Friedemann das Haus aus dem Nachlass des 1753 verstorbenen Arztes, verlegte die Apotheke an ihren

Der restaurierte Innenraum der BerlinApotheke

heutigen Standort und nannte sie fortan Rothe Apotheke. Im späten 19. Jahrhundert entschloss sich der Besitzer zu einem imposanten Neubau: vier Geschosse, eine repräsentative Offizin in edler, dunkler Holzausführung, mit ausgemalter Decke im Rokoko-Stil. Auch an Labore war gedacht, in denen unter anderem das stadtbekannte Mineralwasser der Rothe Apotheke abgefüllt wurde.

Die Fassade hat ihren Prunk eingebüßt, doch die Inneneinrichtung von 1886 blieb, entgegen dem Zeitgeist, erhalten und wurde zu DDR-Zeiten liebevoll restauriert. Putten wachen über eine hölzerne Sitzbank und moderne Arzneimittel in alten Schubläden. Seit 1960 steht die Apotheke unter Denkmalschutz, um 1970 herum nahm ein Kunsttischler des Bode-Museums Ergänzungs- und Konservierungsarbeiten vor. Auch die Deckenbemalung wurde restauriert und lässt Heilungsuchende wie Touristen staunen.

Königliche Hof-Apotheke Anno 1799

Der Name und die Goldbuchstaben, mit denen er an der Ladenfront glänzt, suggerieren Tradition. Und tatsächlich gibt es diese Apotheke seit mehr als 200 Jahren. Die Urkunde der »Königlichen Privilegierung Hof-Apotheke anno 1799« (als Kopie im Geschäft zu besichtigen) belegt es. Mehrfach zog die Apotheke um, musste 1902 dem Neubau des Charlottenburger Rathauses weichen und ist heute in der Otto-Suhr-Allee 89 ansässig.

Unter den wechselnden Inhabern sticht Julius Friedrich Holtz hervor, der mit seinem Apothekerkollegen Ernst Schering 1871 die »Chemische Fabrik auf Aktien« gründete.

Die Apotheke ist modern eingerichtet, aber die hellen Regale und Wandschränke wurden klassizistisch nachgestaltet und harmonieren mit der Gründerzeitfassade des Hauses. Auch so kann Apothekenhistorie lebendig gehalten werden.

Die *Moabiter* Apotheke

Das bekannteste Moabiter Gebäude ist wohl die Justizvollzugsanstalt, doch direkt daneben, in Alt-Moabit 18, liegt eine Apotheke, die ebenfalls Aufmerksamkeit verdient. Die Nähe zur JVA brachte geschäftliche Vorteile: Bis kurz nach dem Zweiten Weltkrieg war diese erste Apotheke des Stadtteils der »Knastlieferant« und versorgte Gefängnis und Kammergericht mit Medikamenten.

Beeindruckend ist vor allem die Einrichtung: Fast das gesamte Inventar inklusive der schweren Marmorarbeitsplatte stammt noch original von der Eröffnung 1857, selbst einige Glas- und Keramikgefäße sind erhalten. Inhaberin Sabine Müller hat das Ensemble in denkmalgeschützten Mauern um weitere historische Schubladenschränke, sogenannte Alphabete, Waagen und Gefäße ergänzt und manches Detail erst richtig zur Geltung gebracht. So verbarg sich hinter dem alten Bereich für die Salbenbereitung in der Offizin ein fein gedrechseltes Stehpult, das nun für die Kundschaft zu sehen ist.

Früher geschah die eigentliche Medikamentenzubereitung im unbeheizten Keller, unterm Dach lagerten Hunderte Teedrogen in Holzschränken. Vor zwanzig Jahren baute Sabine Müller dann großräumig um und ergänzte die traditionelle Einrichtung um ein hochmodernes Labor.

Die *Galenus*-Apotheke

Vis-à-vis vom Friedrichstadtpalast, in der Reinhardtstraße 5, befindet sich die Galenus-Apotheke, ein Berliner Traditionshaus mit interessanter Geschichte. Als die Apotheke 1888 als Kaiser-Friedrich-Apotheke eröffnete, war dieses Viertel, die Friedrich-Wilhelm-Stadt, bereits geprägt von Theatern, Restaurants und kleinen Geschäften. Zugleich waren Medizin und Hygiene mächtig im Aufwind, Kliniken sprossen aus dem Boden, viele Ärzte ließen sich hier nieder. Folgt man der Straße weiter, kommt man bald zur Charité.

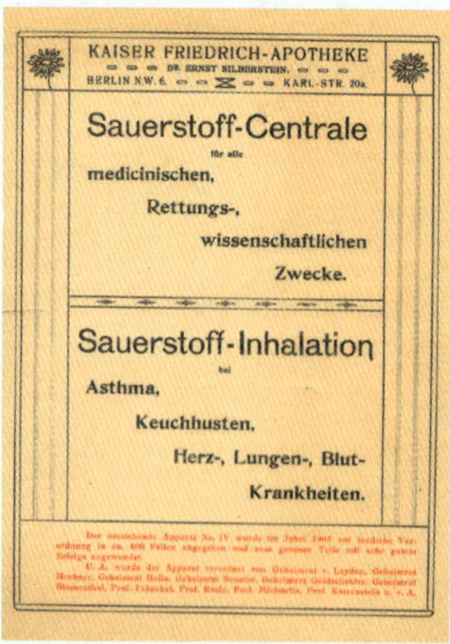

Werbung für Ernst Siltens Sauerstoff-Centrale

Die vielleicht größte Bedeutung erlangte die Apotheke unter Dr. Ernst Silberstein, der sich 1918 in Silten umbenannte. Er kaufte das Haus 1899, forschte vor allem im Bereich der Sauerstofftherapie und richtete an seiner Apotheke eine »Sauerstoff-Centrale für medizinische Zwecke« ein. Die Inhalationsgeräte fertigte er selbst, insbesondere Kleinkompressoren, und stellte die entsprechenden Arzneien in der eigenen »Fabrik Dr. Ernst Silten« her. Er saß damit genau am richtigen Ort, denn seine Sauerstofftherapie wurde besonders von Sängern und Schauspielern in Anspruch genommen, für die die Gesundheit ihrer Atemwege und Stimmbänder über alles geht. Das spielt sicher auch eine Rolle dabei, dass das Inhalatorium heute wieder geöffnet hat.

Während der NS-Herrschaft wurden in Berlin über 160 Apotheken von jüdischen Inhabern an arische Besitzer übereignet oder liquidiert. Silten nahm sich 1943 das Leben, um der Deportation zu entgehen. Die Apotheke wurde nach dem Zweiten Weltkrieg verstaatlicht, nach der Wende wieder privatisiert und um eine Hausnummer versetzt.

Die *Polnische* Apotheke

Am Haus Ecke Friedrichstraße/Mittelstraße prangt unübersehbar der Schriftzug »Polnische Apotheke«, auch wenn sich im Gebäude heute keine Apotheke mehr befindet. Erbaut wurde das Haus 1899 im Auftrag der Berliner Apotheker-Dynastie Schacht, die hier seit 1833 eine Apotheke betrieb und nun, an dieser exponierten Stelle, ein repräsentatives Gebäude wünschte. Die unteren drei Geschosse, von mächtigen Sandsteinpfeilern umfasst, bildeten die Apotheke, das Attikageschoss darüber die Apothekerwohnung. Ein Arkadengang führt um das Haus herum. An der abgestumpften Ecke mit der Eingangstür wurden ein Adler und ein Relief der Kurfürstin Dorothea angebracht. Das Apothekenprivileg für diesen Standort stammt aus dem Jahr 1682. Der Große Kurfürst hatte seiner Gemahlin das sogenannte Tiergartenvorwerk, die spätere »Dorotheenstadt«, geschenkt. Die tatkräftige Kurfürstin erteilte dem Apotheker Samuel Wölcke das Privileg mit Bindung an dieses Grundstück. Wölcke stammte

Das imposante Apothekengebäude in der Friedrichstraße

aus dem preußischen Königsberg. Warum er seine Apotheke 1706 als »Polnische Apotheke« eröffnete, ist unklar. Glück brachte ihm der Name nicht, Wölcke ging pleite. Die wechselnden Nachbesitzer firmierten weiterhin unter dem Namen, der 1933 nicht mehr in die politische Landschaft passte und in »Dorotheenstädtische Apotheke« geändert wurde. Nach Kriegsende ging das Gebäude in das Eigentum der Sowjetischen Militäradministration über, 1947 musste die Apotheke der Firma »Intourist« weichen. Das Gebäude wurde 1998 restauriert, der Besitzer ließ den polnischen Adler und den Schriftzug »Polnische Apotheke« wieder anbringen. Die »Dorotheenstädtische Apotheke« ist heute nur wenige Meter entfernt an der Ecke Friedrichstraße / Dorotheenstraße zu finden.

Die *Hof*apotheke

In Berlins historischer Mitte wird derzeit das Berliner Stadtschloss wiederaufgebaut. Auch wenn es als Humboldt-Forum seine Türen öffnet, wird von der Apothekengeschichte nicht viel zu sehen sein, und doch kann sie hier nicht außer Acht gelassen werden: Kurfürst Johann Georg ließ ab 1585 eine Hofapotheke in einem separaten Flügel des Stadtschlosses errichten. Zur Klientel gehörten die Mitglieder des Hofstaats, die Kirchen- und Schulbediensteten, Arme, Witwen, Waisen, Vertriebene, zeitweise Militärangehörige und auch die 1710 als Pesthaus gegründete und unter Friedrich Wilhelm I. zum Musterkrankenhaus für Bürger und Soldaten ausgebaute Charité. Geheim- und Privatlabore der Kurfürsten und Könige befanden sich in der Hofapotheke, in denen sie ihrer Leidenschaft für alchemistische Experimente nachgingen. Im 18. Jahrhundert spielte die Hofapotheke eine entscheidende Rolle bei der Verwissenschaftlichung des Berufsstandes, denn hier eröffnete das Collegium medico-chirurgicum als zentrale Ausbildungsstätte. 1885 musste die Hofapotheke ihren Gebäudeflügel verlassen, der zugunsten des Ausbaus von Straße und Brücke gekürzt wurde. Die Apotheke zog ins Schloss Monbijou um und firmierte ab 1926 als Staatliche Universitätsapotheke. 1943 wurde der Betrieb ganz eingestellt.

Die geräumige Offizin der Hofapotheke auf einer Postkarte von 1911

Alte Apotheken in *neuer* Funktion

So manche historische Apotheke hat in Berlin ein neues Leben gefunden, beispielsweise am Oranienplatz 14 in Kreuzberg. Hier ist die Brasserie Ora eingezogen und hat die Räume einer der ältesten erhaltenen Apotheken der Stadt, der Oranienapotheke mit originaler Einrichtung von 1860, übernommen. Dass das Mobiliar so hochherrschaftlich wirkt, kommt nicht von ungefähr, denn die Apotheke war Hoflieferant von Kaiser und König für die Kolonialgebiete und die Schutztruppen und bestückte auch die kaiserliche Yacht »Hohenzollern«. Aus der Apotheke ging das traditionsreiche Unternehmen Dr. Kade Pharma hervor, das bis heute existiert und in Berlin 160 Mitarbeiter beschäftigt. Die Apotheke schloss jedoch 2013. Seit 2015 beherbergt das Erdgeschoss am Oranienplatz nun das Ora: In den vertäfelten Regalen unter luftig-hohen Stuckdecken stehen die traditionellen Keramikgefäße neben Gläserregimentern, den Verkaufstresen ziert messingfarbenes Originalequipment, zur Tasse Kaffee kann man die lateinischen Beschriftungen an hunderten Schubfächern der Apothekerschränke studieren und

Im gemütlichen Ora in Kreuzberg kann man sich verköstigen lassen

rätseln, welche Substanzen sich hinter den Namen wohl verbergen mögen. Dazu gibt es exquisite Küche zu etwas gehobenen Preisen und hausgemachtes Brot, abends wird auf Barbetrieb umgestellt.

Noch vor den Gründern des Ora hatte ein anderer Berliner Unternehmer eine ähnliche Idee: 2013 eröffnete die Apotheken Bar am Mariannenplatz. Das Leuchtschild der Mariannen Apotheke blieb einfach hängen, an den Schubladen hinter der Bar kann man noch nachlesen, dass dort einst Jod und Hühneraugensalbe lagerten. In diesem Ambiente werden Cocktails nach althergebrachten Rezepten serviert, die vielfach an die Tradition der Pharmazeuten anknüpfen, die im 18. Jahrhundert zahlreiche Bitterspirituosen herstellten. Auch selbst gemachtes Tonic Water gehört zum Sortiment des Raucheretablissements.

Für Schokoladenliebhaber gibt es einen Anlaufpunkt in Schöneberg: 2009 zog Winterfeldt Schokoladen in die denkmalgeschützte Apotheke in der Goltzstraße 23 ein. Über 1000 erlesene Sorten aus aller Welt finden sich hier, wahrscheinlich die größte Auswahl feiner Schokolade in Berlin, dazu gibt es einen kleinen Cafébetrieb. Apotheke und Schokolade passen im Übrigen hervorragend zusammen: Noch im 19. Jahrhundert wurden die Köstlichkeiten aus Kakao als Stärkungsmittel von Pharmazeuten ausgegeben. Die Einrichtung stammt von 1892, also mitten aus der Gründerzeit, hohe Regale schmiegen sich aneinander, gleich am Eingang ragen Galionsfiguren mit stolz gewölbter Brust in den Raum. Dass dieses Interieur erhalten blieb, verdankt sich dem letzten Apotheker hier, der noch bei der Gründerfamilie gelernt und die Apotheke 45 Jahre lang geführt hat. Gegen den Trend zur Modernisierung hegte und pflegte er das alte Mobiliar liebevoll.

Der Duft von Kaffee und Kakao hat den nach Medizin aber längst abgelöst. Wer hier kauft, kann sicher sein: Seine Schokolade enthält hochwertige Zutaten und fair gehandelten Kakao und wurde nicht industriell, sondern in einer Manufaktur hergestellt.

Bei Winterfeldt in Schöneberg gibt es feinste Schokoladen

Die *Fontane*-Apotheke im Bethanien

»Sputen Sie sich! Wiegen Sie genau! Denken Sie, die China-Pomade kostet den Herrn X.Y. kein Geld? Mein Gott, lassen Sie doch das schöne Kind nicht so lang warten, Sie sehen ja, sie hat Eile!« Hektisch ging es in einer Apotheke Mitte des 19. Jahrhunderts zu. So erzählt es Theodor Fontane. Und das ist nicht seiner dichterischen Fantasie entsprungen, sondern ein Erlebnisbericht. Fontane stammt aus einer Apothekerfamilie und ergriff den Beruf selbst für einige Zeit. Dabei wollte er eigentlich Geschichtsprofessor werden. Doch der Vater verspielte und vertrank das Geld und konnte dem Sohn kein Studium finanzieren. So wurde der Sechzehnjährige 1836 Lehrling in der Apotheke Zum weißen Schwan. Inhaber war Wilhelm Rose. Fontane übte den Beruf mit wenig Enthusiasmus aus, machte aber das Beste daraus. Die Arbeit in der Offizin gab ihm nämlich Gelegenheit zu Milieustudien. Rückblickend gestand er ein: »Schönere Gelegenheit zum Dichten ist mir nie wieder geboten worden; die nebenherlaufende, durchaus mechanische Beschäftigung, die Stille, und dann

Apothekengehilfe Theodor Fontane im Alter von 23 Jahren

wieder das Auffahren, wenn ich von der Eintönigkeit eben schläfrig zu werden anfing – alles war geradezu ideal.« So nutzte er die mittags »gebotene Freistunde jedes Mal zum Niederschreiben all dessen, was ich mir an meinem Braukessel ausgedacht hatte«.
Als er 1840 das Examen ablegte, kommentierte sein Prüfer: »Sehe schon, du weißt nichts, ich weiß aber auch nichts, und es ist auch ganz gleichgültig.« Fontane bestand und verdingte sich als Apothekengehilfe in Burg, Leipzig, Dresden und auch in der

väterlichen Apotheke in Letschin. Über seine Dienstherren hatte er selten Gutes zu sagen, empfand sie als Prototypen des Bourgeois mit »Geldsackgesinnung«. Später arbeitete er in der Polnischen Apotheke in der Friedrichstraße, deren Besitzer allergisch gegen Brechwurz war, eine damals für viele Arzneien verwendete Pflanze. Deshalb wurde ein eigenes, finsteres Kabuff für die Verarbeitung eingerichtet, das Fontane »Grabkammer« nannte. Doch immer wieder prüften die Lehrlinge, ob das nicht nur Schikane sei, und brachten kleine Mengen Brechwurz mit in die Offizin. Der Hustenanfall blieb nie aus, und doch beharrte Fontane auf seinem Standpunkt: alles nur Show!

Fontanes letzte Station als Pharmazeut war das Krankenhaus Bethanien am Kreuzberger Mariannenplatz, wo er zwei Diakonissen zu Apothekerinnen ausbilden sollte. Nachdem dieses Jahr geschafft war, hängte er den Pharmazeuten-Kittel endgültig an den Nagel. Das Bethanien ist kein Krankenhaus mehr, doch entgingen die Gebäude nach der Schließung dank Besetzung und Bürgerinitiativen dem Verfall und sind heute Heimstatt für soziale und kulturelle Einrichtungen. Fontanes Apotheke im Erdgeschoss, in der Nordwestecke des Hauptgebäudes, ist originalgetreu erhalten und kann immer dienstags zwischen 14 und 17 Uhr besichtigt werden.

Fontanes letzte Wirkungsstätte als Apotheker

DIE *Honoratioren* BERLINS

Das 16. und 17. Jahrhundert war für die Apothekeninhaber eine segensreiche Zeit: Dank königlicher, fürstlicher und städtischer Privilegien hatten sie keine legale Konkurrenz, und viele Waren, nach denen die Wohlhabenden verlangten, waren nur bei ihnen zu bekommen. Apotheker waren Großkaufleute, hatten Geld und Einfluss gleichermaßen. Es entstand eine in sich relativ geschlossene Gruppe vermögender Familien, in die schwer hineinzukommen war. Apotheken wurden von Vätern auf Söhne vererbt.

Eine dieser Dynastien war die Familie Zorn. Bartholomäus Zorn, Sohn eines Landsberger Ratsherren, kam bereits als hochgebildeter Apotheker nach Berlin, um 1635 die Apotheke am Molkenmarkt 3 zu kaufen. Drei Jahre später heiratete er die Tochter von Valentin Neumeister, Ratsherr und Inhaber des besten Gasthauses der Stadt. Die Folgen des Dreißigjährigen Krieges und die Pest machten das Leben und Wirtschaften schwierig, Zorn musste das Gebäude wechseln und zog in die Hausnummer 4 um. Bartholomäus Zorn war so angesehen, dass er mit einem prächtigen Grabdenkmal an der Nikolaikirche geehrt wurde – wie später auch sein Sohn Friedrich Zorn.

Friedrich, 1643 geboren, übernahm nach dem Tod des Vaters 1667 die Apotheke, sein Bruder Bartholomäus praktizierte als Arzt am Molkenmarkt – die Patienten mit ihren Rezepten hatten einen kurzen Weg zur Apotheke. Seine Ausbildung hatte Friedrich in Hamburg, Frankfurt am Main, Straßburg und Nürnberg vervollständigt. Mit seinem Bruder reiste er durch Italien, Tirol und Augsburg, um seine Kenntnisse zu erweitern. Der weltgewandte Mann zog Kundschaft in die Apotheke. Und es war nicht die Apotheke allein, die ihn reich machte: Wie viele Kollegen hatte er lukrative »Nebeneinkünfte«, in seinem Fall durch ein Privileg für die Tabakspinnerei und den Tabakhandel in der Mark Brandenburg und Hinterpommern. Damals waren für Textilien noch viele verschiedene Pflanzenfasern in Gebrauch, etwa Brennnesseln oder eben Tabak.

Frontispiz der »Chymischen Schriften« des Benediktinermönchs Basilius Valentinus aus dem Jahr 1717

Hausgäste und Angestellte konnten in der Zornschen Hausbibliothek alles über den wissenschaftlichen Kenntnisstand der Zeit erfahren, teils in gedruckter, teils in handschriftlicher Form: Werke von Johann Kunckel (dem Zorn auch mal 1000 Taler geliehen hatte) oder die »Chymischen Schriften« von Basilius Valentinus, aus denen auch Apothekerlehrling Böttger sein Wissen über die »zwölf Schlüssel« bezog, die nach Überzeugung des Autors »Thüren zu dem uhralten Stein unserer Vorfahren« öffnen würden. Valentius unterbreitete eine genaue Schritt-für-Schritt-Anleitung für die Herstellung von Gold. Nur den allerletzten Schritt schrieb er nicht nieder – denn der geneigte Leser, der bis hierhin gekommen sei, könne sich diesen letzten Schritt doch wohl selbst denken!

Anders als sein Vater wurde Friedrich Zorn kein Stadtkämmerer. Es war ja auch ein undankbares Amt: Gelder für städtische Aufgaben eintreiben – bei Arm und Reich. Friedrich Zorns Schwester Catharina heiratete den Apotheker Johann Heinrich Tonnenbinder.

Die Familie Tonnenbinder genoss ebenfalls beträchtliches Ansehen. 1643 hatte Joachim Tonnenbinder die Apotheke am Molkenmarkt, Ecke Poststraße übernommen. Mit diesem Haus gelang es ihm, seine Schäflein ins Trockene zu bringen und Ländereien rund um Berlin zu erwerben. Er führte die Apotheke bis zu seinem Tod 1673, dann übernahm Sohn Hans Heinrich, ebenfalls auf Lebenszeit, anschließend Hans Joachim Tonnenbinder, Enkel von Joachim. Zunächst schien auch ihm das Schicksal wohlgesonnen: In dieser Zeit wurde der Molkenmarkt umstrukturiert, aus Marktbuden wurden steinerne Arkaden. Nun sollte auch das mittelalterliche, schon recht baufällige Apothekengebäude ein neues Gesicht bekommen. Tonnenbinder machte sich ans Werk und ließ einen äußerst repräsentativen dreigeschossigen Neubau errichten, der weit in die Poststraße hineinragte. Ein geradezu herrschaftliches Domizil, das wir heute als Ephraim-Palais kennen.

Doch Tonnenbinder hatte die Rechnung ohne den Wirt gemacht: Die Fläche, die sein Haus nun weiter in die Straße ragte, gehörte ihm gar nicht! Er wurde verklagt und musste 35 000 Taler Strafe zahlen – ein Vermögen, das ihn in den Ruin trieb, auch weil zu jener Zeit zu viele Apotheken in Berlin bestanden und das Geschäft nicht mehr so einträglich war. 1720 musste er Konkurs anmelden, die Apotheke wurde von einem Kollegen

Das Ephraim-Palais noch am ursprünglichen Standort

Der Molkenmarkt, 1785

übernommen, hielt sich aber nur noch bis 1739. Über mehrere Zwischenbesitzer kam das Gebäude dann in die Hände der Firma Ephraim und Söhne, die ihr Geld mit Edelmetallen und Juwelen machte. Patriarch Veitel Heine Ephraim wurde der Bankier Friedrichs II. Der königlich-preußische Hoffaktor baute das Gebäude zu einem Bürgerpalais aus und ergänzte die üppige Rokokofassade, die das Haus heute wieder ziert. 1936 musste es weichen, um breiteren Straßen Platz zu machen, die Teile wurden eingelagert und konnten in den 80er Jahren leicht versetzt, in der Poststraße 16, wiederaufgebaut werden. Das Haus gehört heute zum Märkischen Museum.

ALLTAG IN DER *Apotheke*

Der Begriff Apotheke stand zunächst einfach für ein Waren- oder Rohstofflager, während die Arzneiwarenhändler im Mittelalter eher als cremer, cruder (von Kraut) oder wurtzler firmierten, fliegende Händler, die mit einem Bauchladen durch die Lande zogen und in der gesellschaftlichen Hierarchie weit unten standen. Im Zuge der Verstädterung wurden sie sesshaft und bezogen kioskartige kleine Verschläge, die man Gaden nannte. Ab dem 15. Jahrhundert finden sich solide Apotheken aus Stein, wobei die Ratsapotheken oft zugleich den

Offizin einer Apotheke Ende des 17. Jahrhunderts. Präparierte Krokodile gehörten zum »Dekor« der Apotheken: Je exotischer ein Tier oder eine Pflanze, desto stärker die vermeintliche Heilwirkung der aus den Naturschätzen hergestellten »Wundermittel«

Bier- und Weinausschank der Stadt beherbergten. Die Apotheke selbst war geprägt vom Arbeitsgerät für die Arzneimittelherstellung wie Herd, Mörser und Waage, dem Duft von Kräutern und Gewürzen sowie Exponaten wie getrockneten Kröten, Straußeneiern und Elfenbein. Doch noch zählten die Apotheker eher zu den Handwerkern, oder, schlimmer noch, zu den Krämern, denen man Geldgier und Betrügereien unterstellte.

Das änderte sich ab dem 16. Jahrhundert grundlegend. Wer als Apotheker anerkannt werden wollte, brauchte chemisch-wissenschaftliche Spezialkenntnisse, musste Latein beherrschen und ein gewisses Sortiment vorrätig haben, insgesamt verfeinerte sich die Arzneikunde. In der »Churfürstlich-Brandenburgischen Medicinalordnung und Taxa« von 1693 sind beispielsweise Bestimmungen über die Ausstellungen und den Dienst der Apothekenhelfer festgehalten. Wer sich zur »Erlernung der berühmbten Apothecker-Kunst« entschloss, sollte von »ehrlicher Abkunft, gutem Gerüchte und lehrsamen Kopfe und dabey der lateinischen Sprache, soviel ihnen bei ihrer Hanthierung nöthig, kundig seyn«. Das Ansehen der Apotheker stieg enorm.

Die Hofapotheken, die königliche und fürstliche Familien sowohl pharmazeutisch als auch kosmetisch – und oft auch kulinarisch – versorgen mussten, wurden nun luxuriös ausgestattet. Blickfang in der Offizin, Verkaufsraum und Rezeptur in einem, blieb das Arbeitsgerät: Apothekerwaage, Mörser und Stößel, Destillierkolben, Kessel und unzählige Standgefäße. Es zischte und qualmte und roch geheimnisvoll in diesen Räumen. Die Apotheker waren nun Partner der Ärzte, doch ihre wirtschaftliche

Stellung konnte je nach Standort und Klientel stark variieren. Wer finanziell gut dastand, heiratete ins Patriziat, in Ärztefamilien oder andere Apothekerdynastien und tat sich als Kunstmäzen hervor – einer der entscheidenden Marker für gesellschaftlichen Status in dieser Zeit.

Apotheker gehörten nun zum gehobenen Bürgertum, wenn nicht gar zum Adel, und konnten es in großen Städten zu beachtlichem Reichtum bringen, auch weil ihnen Nebengeschäfte wie das Münzwesen übertragen wurden. Viele Apotheker wurden auch Ratsherren. Mit der fortschreitenden Neuzeit stiegen jedoch wissenschaftlicher Anspruch und Arbeitspensum immer weiter. In einer Apotheke des frühen 19. Jahrhunderts wurde von mindestens 7 Uhr morgens (manchmal, besonders im Sommer, sogar schon ab 5 Uhr) bis 10 Uhr abends gearbeitet, und das Herstellen der Medikamente war nach wie vor Handarbeit. Zugleich brauchte, wer eine Apotheke gründen oder übernehmen wollte, beträchtliches Startkapital. Ein Privileg beziehungsweise eine Konzession musste finanziert werden, dazu die Einrichtung und die Personalkosten. Auch ein eigener Kräutergarten war fast unumgänglich.

Wie es gehen konnte, zeigt der Fall Theodor Fontane: vier Jahre bis zum Apothekengehilfen, weitere sieben bis zur Approbation, und dann war doch kein Einkommen zu machen – von einem Angestelltenverhältnis ließ sich keine Familie ernähren. Damit war er beileibe kein Einzelfall, denn gut situiert waren wirklich nur die Apothekenbesitzer in Ballungsgebieten.

Trotzdem war Apothekengehilfe bis ins 19. Jahrhundert ein begehrter Lehrberuf; er erforderte wenig

Anders als die helle, freundliche Offizin waren die Lagerräume einer Apotheke schon aus pragmatischen Gründen oft finster und kühl

Vorkenntnisse, versprach aber gesellschaftliches Renommee. Doch es wurden viel mehr Gehilfen ausgebildet, als tatsächlich benötigt wurden, von der vorhandenen Zahl der vakanten Inhaberschaften ganz zu schweigen. Und auch die langen Arbeitszeiten setzten die Attraktivität dieser Laufbahn bald wieder herab. Ein Nachmittag unter der Woche und jeder zweite Sonntag frei war für einen Apothekengehilfen schon eine recht komfortable Situation; ansonsten stand er, abzüglich Mittagspause, die gesamte Öffnungszeit in der Offizin. Hinzu kam der nächtliche Bereitschaftsdienst. Und selbst die Freizeit diente nicht etwa der Erholung, sondern dem Studium – umfangreiche Lektüre und gelegentliche botanische Ausflüge. Mehr oder weniger wurde vorausgesetzt, dass die Gehilfen Junggesellen blieben und sich nur um ihre Arbeit kümmerten. Auch deshalb blieb

es bis zu Beginn des 20. Jahrhunderts üblich, dass Gesellen und angestellte Apotheker in den Räumlichkeiten ihres Lohnherren wohnten, oft genug in stickigen, feuchten Mehrbettzimmern. So hatte der Inhaber stete Kontrolle über seine Mitarbeiter und sparte bares Geld bei den Lohnkosten. Es bedurfte erst des »Verbands Deutscher Apotheker« (das Gegenstück der Angestellten zum »Deutschen Apothekerverein«, dem Organ der Apothekeninhaber), um diese Verhältnisse zu ändern.

Ihren Lohn gaben die Gesellen vor allem für Kleidung aus: Vom Lehrling bis zum Approbierten legten die Pharmazeuten der Neuzeit viel Wert auf ihren Status, und der definierte sich, insbesondere in großen Städten wie Berlin, in erster Linie über modische Kleidung.

Die klassische Apotheke des 19. Jahrhunderts bestand aus einem ganzen Gebäudeensemble samt Innenhof. Vorn zur Sonne die Offizin mit hellem Verkaufsraum und abgedunkelter Rezeptur, angrenzend ein Lager und ein Aufenthaltsraum. Rund um den Hof fanden sich Packraum, Waschküche, Labor, Mischraum, Materiallager und möglichst eine Etage höher, wo die Luft trockener war, Gläser- und Kräuterkammer. Kühl zu Lagerndes wurde im Keller verwahrt, an den Hof schloss sich der Kräutergarten an. Das edle, prunkvolle Inventar der frühen Neuzeit wich allerdings in den meisten Fällen einem sachlicheren Interieur, wobei der Tresen mit Apothekerwaage Zentrum des Verkaufsraums blieb, hinter dem sich auf einem Aufbau voller beschrifteter Schubladen Regale mit endlosen Reihen von Standgefäßen türmten. Nicht zu vergessen der stets verschlossene Giftschrank! Das Labor wartete mit einem großen Destillierapparat aus poliertem Kupfer auf, dessen Rot den ganzen Raum tönte. Ein Herdfeuer prasselte neben Kräutermühle und Pflanzenpresse, in der Luft lag der würzige Duft der verschiedenen, meist pflanzlichen Zubereitungen.

Um die Jahrhundertwende begann dann ein enormer Umbruch: ab 1899 waren Frauen zum Pharmaziestudium zugelassen, 1906 wurde das erste Examen einer Frau abgelegt. Bald schon waren ein Drittel der Pharmazeuten weiblich, auch wenn es noch bis 1931 dauerte, bis die erste Frau die Konzession für die Leitung einer Apotheke erhielt. Heute liegt die Frauenquote sogar bei zwei Dritteln, im Bereich der Apothekenangestellten noch deutlich höher.

Die moderne Apotheke nehmen wir, da die Medikamentenproduktion heute industriell erfolgt, vor allem als Verkaufsraum für Fertigarzneien und Nebenprodukte wie Erkältungstee und Naturkosmetik wahr. Doch auch wenn die Laborbereiche kleiner sind als früher: Noch immer gehört es zu den Aufgaben eines Apothekers, individuelle Arzneiwünsche selbst herzustellen und Fertigarzneien regelmäßig auf ihre medizinische Qualität zu überprüfen. Und schließlich ist die Beratung über passende Wirkstoffe und die richtige Dosis eine höchst verantwortungsvolle Aufgabe. Nicht von ungefähr heißt es: Fragen Sie Ihren Arzt *oder Apotheker.*

IRRTÜMER MIT *Todesfolge*

Mit der industriellen Medikamenten-Herstellung kam es auf, Patienten eine Informationsschrift mitzugeben, doch erst seit 1978 sind »Beipackzettel« Pflicht in Deutschland. Wie sie verfasst sein sollen, wird mittlerweile auf EU-Ebene diskutiert. Vor allem die Lesbarkeit für den Laien kommt immer wieder auf den Prüfstand. Zwei Drittel aller Patienten lesen gründlich, und etwa zehn Prozent der potenziellen Konsumenten entschließen sich, von den beschriebenen »Risiken und Nebenwirkungen« abgeschreckt, auf die Einnahme des Medikaments zu verzichten. Immerhin haben wir heute diese Möglichkeit zur Information, können zum Beispiel nachschauen, ob die Angabe des Arztes oder Apothekers zur Dosierung mit jener des Herstellers zusammenpasst. In früheren Zeiten mussten die Kranken ihren Apothekern blind vertrauen – teils mit verheerenden Folgen.

So beschäftigte im Dezember des Jahres 1895 der Tod eines zwölfjährigen Mädchens die Berliner Staatsanwaltschaft am Landgericht I. Die Tochter eines Milchhändlers war erkrankt, ihre Mutter lief zum nächsten Apotheker und ließ sich eine Medizin herstellen. Doch es dauerte keine Stunde, da setzten Blutungen ein, das Mädchen wurde schwach und lethargisch. Es starb, bevor der eilends gerufene Arzt ihr Bett erreichte. Die Obduktion ergab eindeutig: Das Mädchen war durch eine falsche Dosierung vergiftet worden. Der Apotheker kam vor Gericht.

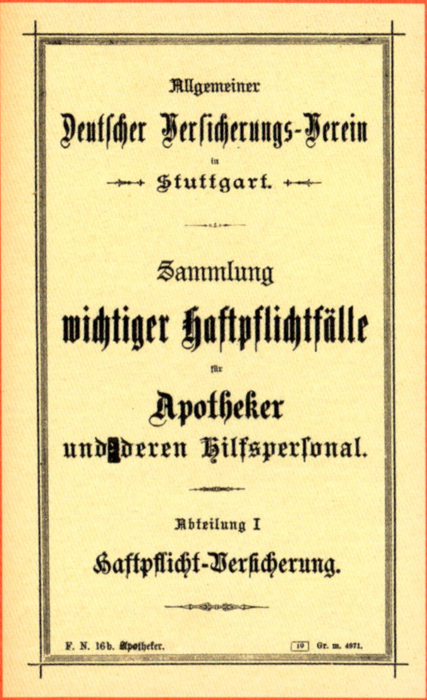
Allgemeiner

Deutscher Versicherungs-Verein

in

Stuttgart.

Sammlung

wichtiger Haftpflichtfälle

für

Apotheker

und deren Hilfspersonal.

Abteilung I

Haftpflicht-Versicherung.

F. N. 16b. Apotheker. 10 Gr. m. 4071.

Mit dem wirtschaftlichen Aufschwung nach Gründung des Deutschen Reiches wird 1875 die erste Haftpflichtversicherung für Geschäftsleute und Unternehmer ins Leben gerufen. Berufsordnungen der Länder regeln heute, welche Versicherungen der Apotheker abschließen muss

Noch einmal mit dem Leben davongekommen war sechs Jahre zuvor ein zweijähriges Kind. Es hatte ein gebrochenes Bein und benötigte einen Verband. Doch statt destillierten Wassers war ätzende Natronlauge verwendet worden, die stundenlang auf das Bein einwirkte, so dass es amputiert werden musste. Doch wer trug die Schuld an dem verhängnisvollen Malheur? Der Lagerverwalter? Der Großhändler, der die Apotheke falsch beliefert hatte? Sein Lehrling? Der Apotheker, dem die Verwechslung beim Anmischen nicht aufgefallen war? Der Arzt, der vorher nicht überprüfte, was er da verwendete?

Insgesamt standen sieben Personen vor Gericht, die genannten fünf wurden sämtlich zu Geldstrafen verurteilt.

Heutzutage müssen Apotheker ungleich mehr Wirkstoffe und Präparate überblicken als damals, ihnen steht dabei aber auch ein ganz anderes Spektrum an logistischen Hilfsmitteln zur Verfügung. Deshalb sind solche schwerwiegenden Fehler selten geworden. Problematisch ist eher, wenn von verschiedenen Ärzten verschiedene Präparate verordnet werden, die gefährliche Wechselwirkungen haben, oder Patienten sich ohne fachlichen Rat selbst therapieren. Auch in Krankenhäusern kommt es aufgrund der enormen Belastung zu Fehlern in der Medikamentenverabreichung.

Doch auch heute gibt es hin und wieder Fälle, in denen Apotheker ihre Sorgfaltspflicht mit schweren Folgen verletzen. So erregte 2016 ein Fall Aufsehen, in dem eine 78-jährige Nierenpatientin über mehrere Tage das falsche Medikament erhielt, ehe dem Apotheker seine Verwechslung auffiel. Als er sich bei der Familie meldete, war der Frau bereits nicht mehr zu helfen; sie starb an den Folgen dieses Versehens. In erster Instanz wurde der Apotheker wegen Fahrlässigkeit zu einer Bewährungsstrafe verurteilt.

DER MEISTER DER *Fehlschläge*

Dr. Georg Friedrich Henning, seines Zeichens Pharmazeut und Chemiker, machte sich 1892 mit einem Analyselabor am heutigen Mehring-Platz selbstständig. Eine seiner ersten Innovationen war ein Malzextrakt von so bestechender Reinheit, dass Henning schon glaubte, den Markt zu revolutionieren und ein gemachter Mann zu sein. Er bewarb sein Produkt nach Kräften – und biss im Handel auf Granit. Seinen Zeitgenossen war die Reinheit herzlich egal, wenn der Geschmack nicht stimmte. Und Hennings Konkurrenz hatte mehr Zucker in ihren Fabrikaten.

Deutlich erfolgreicher war Hennings Narkosemittel Chloraethylen, das eine lokale Betäubung durch Vereisung bewirkte. Wobei man sich dessen Entwicklung recht abenteuerlich vorstellen darf, denn damals war Alkohol als Genussmittel hoch besteuert, als medizinische Zutat aber steuerfrei. Damit Henning den Alkohol für seine Versuche nicht zweckentfremdete, stand ihm in seinem Labor Tag und Nacht ein Zollbeamter zur Seite.

Georg Friedrich Henning, Chemiker, Pharmazeut und Unternehmer

Chloraethylen blieb vor allem auf Fußballplätzen über

Jahrzehnte im Einsatz, um Sportverletzungen zu behandeln. Doch wieder schoss Henning übers Ziel hinaus. Seine Idee: ein Chloraethylen-Parfüm! Einen angenehmen Duft beizumengen war kein Problem, nur konnten sich die Kunden nicht mit den Nebenwirkungen abfinden: Die Parfümierung wirkte nicht nur betäubend, sie war auch ausgesprochen feuergefährlich, zudem wurde dann ätzendes Salzsäuregas frei. Der edle Duft blieb ein Ladenhüter.

Hennings nächster Clou: Testogan, ein Sexualtonikum mit universellem Anwendungsgebiet, nämlich gegen Impotenz, Wechseljahrbeschwerden und sogar Erschöpfung. Dieses Mittel war ein absoluter Renner, weshalb gleich eine ganze Palette von Spezialprodukten und Weiterentwicklungen dazukam. Sage und schreibe bis 1977 blieb Testogan am Markt - obwohl es nach heutigen Erkenntnissen wohl wirkungslos war. Hergestellt hatte Henning sein Wundermittel aus pulverisierten tierischen Organen, insbesondere der Schilddrüse und dem Hypophysenvorlappen. Ein exklusives Placebo.

Zu einiger Berühmtheit gelangte auch das Beruhigungsmittel Foligan, gewonnen aus Orangenblütenextrakt. Franz Kafka erwähnte es in einem Brief, den er nach einer schlaflosen Nacht in Prag verfasste: »die Nacht vorher war eine der allerschlimmsten gewesen, etwa dreiteilig zuerst ein Überfall durch alle Ängste, die ich habe, und so groß wie diese ist kein Heer der Weltgeschichte, dann stand ich auf, weckte das arme gute Fräulein (das wegen der Schienenlegung der Elektrischen in meinem Zimmer schlief, müde, nach schrecklich umständlichem Kofferpacken) und holte mir Foligan, aß es gierig und dämmerte dann eine Viertelstunde, dann aber war es

Das Firmengelände der Henning Berlin GmbH in den 30er und in den 90er Jahren (Tempelhof, Komturstraße 19–21)

zuende und ich beschäftigte mich den Rest der Nacht mit der Koncipierung des Absagetelegramms an den Vermieter nach Berlin und mit der Verzweiflung darüber.« Eine Viertelstunde ineffektive Ruhe dank Foligan – was wünscht man sich von seinem Beruhigungsmittel denn mehr?

Doch man sollte sich von diesen Episoden nicht täuschen lassen: Die Firma Henning war insgesamt ein sehr erfolgreiches Unternehmen, ab 1914 höchst repräsentativ in der Kurfürstenstraße 145–147 ansässig, zehn Jahre später aus Platzgründen dann in Tempelhof, Komturstraße 19–21. Und es war Henning, der das erste Joint Venture mit Osteuropa unterhielt: die Firma Henning-Laokoon im polnischen Lemberg, 1929 initiiert und vor allem für Forschungsaufträge zuständig, in der NS-Zeit liquidiert.

Auch nach 1945 konnte sich das Unternehmen behaupten, zunächst in kleinen Schritten. 1948 betrug der Exportumsatz gerade mal 663 Mark, doch bald wurde insbesondere der Export nach Südamerika wieder zu einem entscheidenden Geschäftszweig. In den 60er Jahren kehrte auch die Innovativkraft ins Unternehmen zurück. Eine Reihe von Schilddrüsenmedikamenten wurden entwickelt und machten Henning zum Marktführer auf diesem Gebiet. Für die Entwicklung von radioaktiven diagnostischen Tracern arbeitete Henning sogar mit einem Partner aus der DDR zusammen, einem Institut der Akademie der Wissenschaften in Berlin-Buch. Daraus wurde 1990 das Tochterunternehmen Henning Berlin Biochemie GmbH.

Allerdings beruhte der Erfolg im Verlauf der Firmengeschichte nicht nur auf pharmazeutischen Produkten. Schon 1898 hatte sich Georg Henning das Patent auf einen »Explosivstoff« gesichert, chemisch und thermisch sehr stabil und ausgesprochen wirksam, zu nutzen sowohl als Sprengstoff als auch als Ausgangsstoff für Pharmazeutika. Nur sein Herstellverfahren war ineffizient, deswegen folgte daraus zunächst nicht viel. In den 20er und 30er Jahren begann jedoch das Militärversuchsamt mit Forschungsarbeiten zu dem Stoff, den man nun Hexogen nannte, und effektivierte die Synthese. Ähnliches geschah in den USA. Damit wurde Hexogen zu einem der meistverwendeten Sprengstoffe dieser Zeit. Auch der erste im Zweiten Weltkrieg von den Deutschen verwendete Plastiksprengstoff bestand im Wesentlichen aus Hexogen und Vaseline. Der heute verbreitete Plastiksprengstoff C4 besteht zu 91 Prozent aus Hexogen.

Seit 2002 gehört Henning Berlin zur Sanofi-Synthelabo GmbH.

Mörderische LIEBESKNOCHEN

Mediziner und Apotheker haben es sich zum Beruf gemacht, Kranke und Verletzte zu heilen. Umso mehr schreckt die Öffentlichkeit auf, wenn sie ihr Wissen und das entgegengebrachte Vertrauen missbrauchen. Ein solcher Fall versetzte 1956 die Berliner monatelang in Aufruhr: Der Oberapothekerin des Behring-Krankenhauses Zehlendorf, Stefanie Burgmann, wurde vorgeworfen, den sechzehnjährigen Tilman Zweyer vergiftet zu haben.

Es war früher Nachmittag am 3. November 1956, als der Student Heinrich Zweyer ein Päckchen mit nach Hause brachte, das er im Flur gefunden hatte. Heinrich lebte noch bei seinen Eltern und den jüngeren Geschwistern Tilman und Katinka.

In der Küche knüpfte er den Bindfaden auf, entfernte das graue Papier, auf dem »TILL« stand, und förderte eine Tüte zutage, in der sich vier Eclairs befanden. Eigentlich wunderte sich niemand über die Sendung. Tilman war ein braver, fleißiger Junge, den alle schätzten, und seit er sich in der Kirche engagierte, wurde dem Leckermaul öfter mal etwas Süßes zugesteckt. Heinrich und Tilman beugten sich über die Kuchenstücke und nahmen einen seltsamen Geruch wahr, dennoch bissen beide in ein Eclair, nur um es gleich wieder auszuspucken – es schmeckte entsetzlich bitter! Der Kuchen wanderte in den Abfall.

Tilman verließ kurz darauf das Haus. Fünfzig Minuten später stürzte er mit Schaum vorm Mund vom Rad. Eilig wurde er nach Hause gebracht, Ärzte kamen hinzu, doch ihm war nicht mehr zu helfen: Er starb, keine drei Stunden nach dem Biss in den Liebesknochen.

Das Insektizid E 605

Die Ärzte vermuteten zunächst einen Gehirnschlag, doch damit wollten sich die Eltern nicht zufriedengeben. Sie verlangten eine Obduktion. Und tatsächlich: Im Körper des Jungen fand man das hochgiftige Pflanzenschutzmittel E 605. Tilman war vergiftet worden, die Kriminalpolizei begann ihre Ermittlungen. Kleine Reste der Eclairs konnten aus dem Müll der Zweyers geborgen werden. Ergebnis der Laboruntersuchung: Es fanden sich zwanzig Milligramm E 605. Das Eclair war die Mordwaffe. Doch wer konnte es auf den allseits beliebten Jungen abgesehen haben?

Ein wichtiger Hinweis war die Verpackung, die ebenfalls durch die Polizei geborgen wurde. Doch dann geschah etwas völlig Unerwartetes: Schnur und Papier verschwanden. Die Polizei hatte das vielleicht entscheidende Beweisstück verloren!

Einige Tage später fand die Beerdigung statt. Dort fiel Stefanie Burgmann auf – eine kräftige Frau um die fünfzig, die kaum jemand persönlich kannte, die sich jedoch rührend um Irmgard Zweyer kümmerte. Auch später rief sie immer wieder an und verabredete sich mit Tilmans Mutter, weil ihr, so sagte sie, das Schicksal der Familie so naheging. Währenddessen klopfte die Polizei das Umfeld der Familie ab und stolperte über eine interessante Verbindung: Mit eben jener Stefanie Burgmann unterhielt der Pharmazeut Dr. Zweyer seit zwei Jahren ein Verhältnis. Und noch etwas schien mit diesem Fall zusammenzuhängen: Seit 1948 machten anonyme Briefe die Runde, zu denen die Polizei intensiv ermittelt hatte, ohne einen Täter ausfindig zu machen. Vor allem Mediziner, aber auch Stadträte und bekannte Persönlichkeiten hatten immer wieder Schreiben mit anzüglichen Inhalten, Beleidigungen und Anschuldigungen erhalten. Hinzu kamen anonyme Anrufe, in denen nie ein Wort gesagt wurde. Auch Familie Zweyer hatte unter solchen Anschlägen zu leiden, manchmal gab es pro Tag mehr als dreißig Anrufe.

Konnte Stefanie Burgmann auch hiermit etwas zu tun haben? Jedenfalls hatte es in ihrer österreichischen Heimat vor ihrem Weggang eine Serie von anonymen Briefen ganz ähnlicher Couleur gegeben.

Als schließlich das Dienstzimmer der Burgmann durchsucht wurde, schien die Sache klar: Die Beamten fanden einen Durchdruck auf einem Aktendeckel, der eindeutig einem der Drohbriefe zuzuordnen war, und auch eine private Rechnung auf E 605 sowie Rückstände in einer Spritze, angeblich für die Gartenarbeit.

Das Verfahren wurde eröffnet, zahlreiche Zeugen und Sachverständige gehört. Stefanie Burgmann beharrte auf ihrer Unschuld, während der Staatsanwalt sie in seinem Schlussplädoyer als »erbarmungslos in ihrem Hass« beschrieb und keinerlei Zweifel an ihrer Schuld hegte. Doch die sechs Geschworenen, darunter fünf Frauen, waren davon nicht überzeugt. Das Urteil in der Mordsache lautete nach anderthalb Jahren Untersuchungshaft auf Freispruch aus Mangel an Beweisen. Zwar hatte die Angeklagte nachweislich gelogen, etwa bei der angeblichen Garten-Großaktion, in der sie das E 605 verwendet haben wollte. Andererseits war die Beweiskette nicht lückenlos. Und warum sollte eine Apothekerin, die Kenntnisse über und Zugang zu diversen schwer nachweisbaren Arzneigiften hatte, zu einem Pflanzenschutzmittel greifen, das noch dazu geruchlich so auffällig war? Der Schatten eines Verdachts fiel auch auf den Vater: Warum hatte er mit seinen pharmazeutisch-chemischen Kenntnissen nicht reagiert, als ihm seine Frau von der Kuchensendung mit dem merkwürdigen Geruch erzählte, und keinerlei Anstalten gemacht, sie aus dem Müll zu bergen? Die Zweifel also blieben und siegten vor Gericht. Nur wegen der anonymen Briefe wurde Stefanie Burgmann in einem weiteren Verfahren verurteilt – zu zwei Jahren Haft. Für den Tod von Tilman Zweyer wurde bis heute niemand zur Rechenschaft gezogen.

Das Insektizid E 605 von der Bayer AG wurde auch in weiteren Giftanschlägen eingesetzt, der Volksmund prägte dafür in den 50er Jahren die dubiose Bezeichnung »Schwiegermuttergift«. 2002 wurde E 605 von der »Liste zulässiger Wirkstoffe« laut EU-Richtlinie gestrichen.

CASPAR NEUMANN – DER *Systemdenker*

Caspar Neumann ist ein Beispiel dafür, dass es nicht immer die fachliche Kompetenz ist, die einen im Leben weiterbringt. Neumann wurde 1683 in eine Musikerfamilie geboren, der Vater war Kunstpfeifer, eine Art städtisches Ein-Mann-Orchester. Caspar sollte die recht kostspielige Ausbildung zum Theologen erhalten, doch als Zwölfjähriger war er bereits Vollwaise, der Wunschberuf ließ sich nicht mehr finanzieren. Stattdessen ging er bei seinem Taufpaten in die Apothekerlehre und zog als Geselle nach Berlin. Hier kam er in der Hofapotheke unter – also ganz in der Nähe des Königs. Der hörte nun von seinem neuen Mitarbeiter, aber nicht aufgrund seiner pharmazeutischen Kompetenzen – sondern wegen seines hervorragenden Klavierspiels!

Friedrich I. war den Künsten sehr zugetan und lud Neumann zur Kammermusik, der Sorge trug, ob er in so illustrer Runde bestehen konnte. Doch: »Diesem Befehl zu gehorsamen, konnte er keinen Umgang nehmen, und als einige Verse des 86. Psalms und andere geistliche Sachen gespielet worden, schöpfte der König darüber ein solch Vergnügen, daß S. Majestät beym Weggehen mit gnädiger Mine den Befehl ertheilten, daß alle Abend ehe sie sich auskleiden lassen wollten, Neumann in der Vorkammer spielen solte, zu welchem Ende S. Majestät jenem einen kostbaren Flügel geben

Caspar Neumann, Hofapotheker und erster pharmazeutischer Hochschullehrer

ließen.« So hielt es Neumanns Biograf Kessel 1749 fest. Neumanns Repertoire blieb – schon aus Zeitgründen – bescheiden, doch den König störte das nicht, im Gegenteil: Er ermöglichte seinem Günstling Bildungsreisen durch die deutschen Lande und bis nach Utrecht und

Das große Laboratorium der Hofapotheke. In einem zweiten, kleineren Raum, dem »königlichen Versuchslabor«, gingen der Große Kurfürst und Friedrich I. eigenen Forschungen nach

London. Dabei vertiefte Neumann seine pharmazeutischen Kenntnisse und erwarb sich unter Kollegen einen hervorragenden Ruf.

1713 erreichte ihn in London mit der Nachricht vom Tod Friedrichs I. auch die Mitteilung des sparsamen Thronnachfolgers, man bedürfe seiner nicht mehr. Doch das war nur vorübergehend, denn Friedrich Wilhelm I., der Soldatenkönig, dachte zwar sparsam, aber auch pragmatisch und investierte in die medizinische Entwicklung Preußens, wenn auch vor allem aus dem Grund, die Armee mit den nötigen Fachkräften zu versorgen. 1719 berief er Neumann zurück und übergab ihm die Leitung der Hofapotheke. Das sollte sich als hervorragende Entscheidung erweisen.

Auch wenn Neumann sein Herzblut noch immer ans Experimentieren gab – die Materiallisten dafür muten heute abenteuerlich an; gleich säckeweise ließ er Ameisen, Tannenzapfen und Regenwürmer ordern –, sind es nicht seine chemisch-pharmazeutischen Forschungen, die ihn zu einer der wichtigsten Gestalten in der Pharmazie machten. Um seine Forschungsarbeit überhaupt zu ermöglichen, strukturierte er die Hofapotheke und auch die Apothekerausbildung komplett um. Die Hofapotheke entwickelte sich durch Umbau und neue Labore zu einem modernen Forschungs- und Lehrbetrieb. Sie wurde damit zur ersten Einrichtung in den deutschen Staaten, in der pharmazeutische Chemie effektiv unterrichtet werden konnte, nämlich in Theorie und Praxis gleichermaßen. 1723 wurde Neumann dann dank seiner Verdienste als Professor für praktische Chemie und erster pharmazeutischer Hochschullehrer an das Collegium medicochirurgicum berufen, die zentrale Ausbildungsstätte für medizinische Berufe. Auch verfasste er zahlreiche Bücher über chemische Analyse- und Nachweisverfahren, die lange Zeit Standardwerke blieben. In seine Vorlesungen strömten nicht nur die Studenten, sondern auch das gemeine Volk, denn man konnte immer mit spektakulären Experimenten rechnen. Im Grunde entwickelte Caspar Neumann das Konzept des wissenschaftlich ausgebildeten Apothekers, an dem sich der Berufsstand bis heute orientiert.

Die Heilkraft der Natur

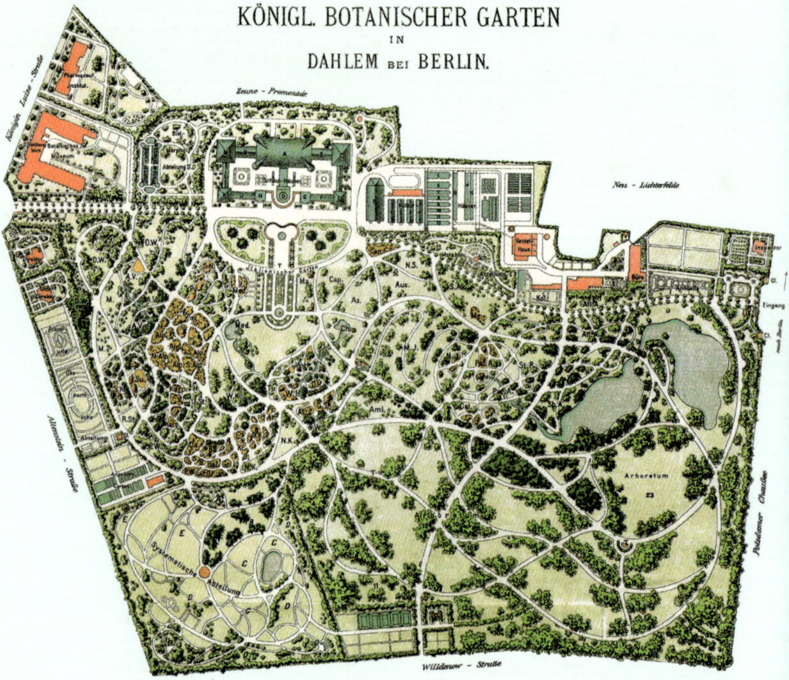

Trotz aller modernen Synthese-Verfahren: Pflanzenheilkunde ist ein zentrales Element der Pharmazie. Und so gehört auch der Botanische Garten samt Botanischem Museum in Dahlem unbedingt zur Berliner Pharmazie-Geschichte.

Gedacht war der Standort Dahlem als modernes Zentrum der Berliner universitären Naturwissenschaft, 1902 zogen allerdings zunächst nur das neu geschaffene Pharmazie-Institut und die Botaniker hierher. Der alte botanische Garten lag in Schöneberg

Der Arzneipflanzengarten beherbergt auf 3000 m² rund 230 Heilpflanzenarten

und war zunehmend in räumliche Bedrängnis geraten; die Reste dieses Geländes bilden heute den Heinrich-von-Kleist-Park.

In Dahlem bezog man 42 Hektar Land an einem windgeschützten Abhang des Fichtenbergs. Es war Teil des Kronguts Domäne Dahlem außerhalb der Stadtgrenzen, und doch siedelten sich hier in den nächsten Jahren so viele wissenschaftliche Einrichtungen an, dass man bald vom »deutschen Oxford« sprach. 1904 wurde das Freigelände der Öffentlichkeit zugänglich gemacht. Mit Garten, Museum, Bibliothek und Herbarium fand sich in Dahlem bald die zweitgrößte botanische Sammlung der Welt. Deswegen ging es als »Dahlemer Katastrophe« in die Geschichte der Pflanzenkunde ein, als in den letzten Kriegsjahren Bombenabwürfe die Gewächshäuser zerstörten, so dass die Pflanzen erfroren, und auch im Freilandbestand schweren Schaden anrichteten. Ein immenser Verlust! Der Wiederaufbau der Sammlungen dauerte Jahrzehnte.

Heute kann man durch den Garten wieder um die ganze Welt reisen: Himalaya-Bergwelten nur wenige Schritte neben tropischen Palmen und Sumpfgebieten, ein Duft- und Tastgarten lädt zum Anfassen und Schnuppern ein.

Als Gartenpflanze schön, als Arzneipflanze für die Anwendung als Abführmittel genutzt: die Trichterwinde

300 000 Menschen pro Jahr machen von dieser Gelegenheit Gebrauch.

Das Pharmazie-Institut befindet sich am Nordende des Gartens, dazwischen liegt das Botanische Museum. Für die Studenten gab es im Außengelände zunächst einen Apothekergarten, der alle Medizinalpflanzen versammelte, die im Freien bei uns gedeihen. Der heutige Arzneipflanzengarten liegt etwas weiter westlich und wartet mit einer Besonderheit auf: Der Garten ist der Form eines menschlichen Körpers nachempfunden, die Pflanzen wurden gemäß ihres Wirkungsortes angeordnet. Also Helfer für ein gesundes Herz-Kreislauf-System mittig am Herzen, Mittel gegen Nervenleiden und Kopfschmerzen ganz oben/vorn. Die genaue Wirkweise und Anwendungsgebiete können jeweils auf einem eigenen Schild nachgelesen werden. Von der allseits bekannten Petersilie bis zu Exoten wie dem leuchtend orange blühenden kalifornischen Goldmohn sind hier die verschiedensten pharmazeutisch genutzten Pflanzen zu entdecken.

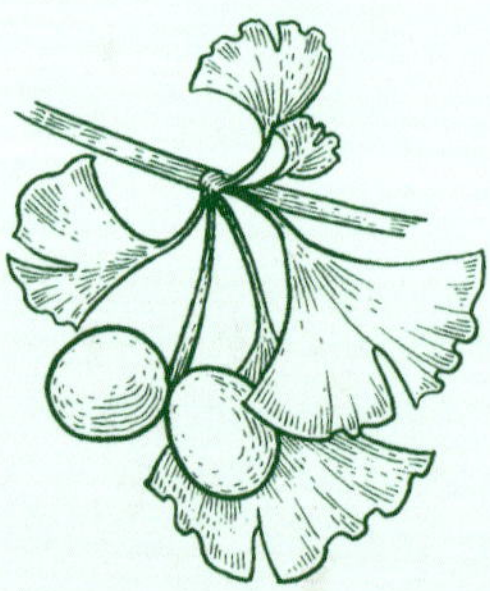

DAS SENSATIONELLE *Bio*-VIAGRA

Im März 2009 titelten die Zeitungen landauf, landab: *Sensationelle Entdeckung an der Charité! Veggie-Viagra ohne Nebenwirkungen! Hoffnung für die Libido!*

Was war geschehen? Und warum hat das Produkt bis heute nicht den Markt erobert?

Die Geschichte, auf welche die Presse sich so begierig stürzte, war diese: Am Charité-Institut für Transfusionsmedizin, geleitet von Professor Holger Kiesewetter, war eine Studie zu sensationellen Ergebnissen gekommen. An männlichen Probanden war ein biologisches Potenzmittel mit erstaunlichem Erfolg getestet worden: wirksamer als Viagra, dazu fast keine Nebenwirkungen bis auf ein wenig Durchfall. Und das Beste: Es sollte als Nahrungsergänzungsmittel auf den Markt kommen, nicht als Arznei, also im Handel frei verfügbar sein.

Spätestens an diesem Punkt läuteten mancherorts die Alarmglocken, denn ein Mittel mit unübersehbarer pharmakologischer Wirkung darf in Deutschland gar nicht als etwas anderes denn als Arzneimittel eingestuft werden.

Nach zwei Tagen ruderte die Charité-Pressestelle, die zuvor noch bereitwillig die E-Mail-Adresse des Studienleiters weitergegeben hatte, zurück und distanzierte sich von den Vorgängen: Die Verantwortlichen hätten in Eigenregie agiert, nicht in Abstimmung mit der Charité. Und tatsächlich: An dieser Sache war so ziemlich alles faul, was faul sein konnte. Beim Studienleiter handelte es sich um einen 28-jährigen Promoventen, und das ganze Unterfangen war gesponsert von einem Pharmaunternehmen, das sich schon auf die Vermarktung des Wundermittels vorbereitete. Das Präparat selbst hatte keine nachgewiesene Wirkung auf die Potenz, war jedoch sehr wirkungsvoll hinsichtlich heftigen, explosionsartigen Durchfalls. Die Studienergebnisse basierten allein auf den subjektiven Aussagen eines ausgesprochen kleinen Probandenkreises, der noch nicht einmal über mögliche Risiken aufgeklärt worden war. Offiziell angemeldet war die Studie auch nicht. Veggie-Viagra? Pustekuchen.

Doch so schnell verzog sich der Sturm im Wasserglas für Kiesewetter als Verantwortlichen für die Vorgänge in seinem Institut nicht, denn der Vorgang war nur das letzte Glied in einer Kette mehrerer auffälliger Verstrickungen zwischen dem Mediziner und der Pharma-Industrie, darunter eine Kampagne für Knoblauchpillen gegen Gefäßverkalkungen, basierend auf einer Studie mit gravierenden methodischen Mängeln, und die Vermarktung einer teuren Pollenschutzcreme, die kaum mehr war als Vaseline. Diese Zusammenhänge warfen kein gutes Licht auf die Charité und ihr propagiertes Ideal von unabhängiger medizinischer Forschung, und es war am Ende nicht verwunderlich, dass Strafanzeige gestellt und unter anderem wegen Bestechlichkeit, Untreue und Verstoß gegen

So hätte sie aussehen können: die neue Wunderwaffe gegen Erektionsstörungen

Arzneimittelforschung wird an der Charité am Institut für Klinische Pharmakologie und Toxikologie oder am hier abgebildeten, über einhundert Jahre alten Institut für Pharmakologie (Hessische Straße 3-4) betrieben

das Arzneimittelgesetz ermittelt wurde. Doch Kiesewetter kam mit einem blauen Auge davon: Das Verfahren wurde eingestellt. Die Charité beurlaubte ihn »auf eigenen Wunsch«. Dieser Urlaub dauert bis heute fort.

Die Charité betreibt im Übrigen seit langem selbst Pharma-Forschung: 1883 bezog das Institut für Pharmakologie unter Leitung des Virchow-Schülers Oskar Liebreich sein Domizil auf dem Charité-Campus in Mitte. Liebreich entdeckte beispielsweise das Wollfett Lanolin und dessen wohltuende Wirkung auf empfindliches Gewebe, für die u. a. stillende Mütter dankbar sind. Gegenwärtig konzentriert sich die Forschungsarbeit auf das Zentralnervensystem, zum Beispiel Antidepressiva und Parkinson, sowie das Herz-Kreislauf-System.

WARUM DER *Atom*-EINSTIEG IN BERLIN STATTFAND

Im 16. Jahrhundert wurde das Erzgebirge zum Zentrum des europäischen Bergbaus. Wertvolle Metalle - Silber, Zinn und Cobalt - machten die Bewohner wohlhabend. Doch die Bergleute förderten selten nur das Gesuchte zutage, sondern oft auch tiefschwarzes, wächsern glänzendes Gestein: die Pechblende. Weil sie hierfür keine Verwendung hatten, schichteten sie es auf Halde, wo es dann unbeachtet lagerte.

Pechblende, das Gestein, aus dem Klaproth 1789 Uranoxid isolierte

Ende des 18. Jahrhunderts wurde der Berliner Apotheker und Chemiker Martin Heinrich Klaproth auf dieses Material aufmerksam. Nach der Apotheker-Ausbildung zog es den wissenschaftlich ambitionierten Sohn eines armen Schneiders aus Wernigerode zunächst nach Hannover, dann nach Berlin, wo ihm mit der Akademie der Wissenschaften und der königlichen Bibliothek alle Möglichkeiten offenstanden. Trotzdem gab er die Apothekenpraxis nie auf, stand insgesamt 42 Jahre lang in der Offizin. In Berlin arbeitete er zunächst in der Engel-Apotheke, bis er in näheren Kontakt zu Valentin Rose dem Älteren trat, Inhaber der Apotheke zum weißen

Schwan und selbst sehr engagiert in der chemischen Forschung. Doch Rose starb mit gerade einmal 35 Jahren, nur vier Wochen, nachdem Klaproth in seine Dienste getreten war. Klaproth übernahm daraufhin nicht nur die Leitung der Apotheke in der Spandauer Straße / Ecke Heidereuthergasse, er wurde auch zum Ziehvater für Valentin Rose den Jüngeren und dessen Geschwister, später auch für dessen Sohn Heinrich Rose, ab 1835 Chemie-Professor an der Berliner Universität. Klaproth selbst war dort der erste ordentliche Professor der Chemie, berufen 1810 im Alter von 67 Jahren.

Die meiste Zeit seiner aktiven Laufbahn verbrachte Klaproth in den Laboren seiner Apotheken (er leitete auch die Bären-Apotheke in der Spandauer Straße 17 / Ecke Probststraße). Vor allem Metalle und Mineralien hatten es ihm angetan. Um seinen eigenen Ansprüchen zu genügen, brauchte er bessere Untersuchungsverfahren, als sie zu seiner Zeit existierten. Er etablierte eine bis dahin ungekannte Exaktheit bei der Ergebnisprotokollierung, einen neuen Präzisionsstandard in der Wissenschaft. Und er wendete sich der scheinbar wertlosen Pechblende zu.

Am 24. September 1789 trat Klaproth vor die Preußische Akademie der Wissenschaften und verkündete: »Die Zahl der bekannten Elemente hat sich um eines erhöht. Ich halte es für eine seltsame Art Halb-Metall und schlage vor, wir nennen dieses neue Element Uranit.« Klaproth hatte das Element Uran entdeckt! Genauer gesagt: Uranoxid. Denn in der Natur kommt reines Uran aufgrund seiner Instabilität nicht vor, es bindet sich immer an sauerstoffhaltige Mineralien. Klaproth hatte die Pechblende stark erhitzt und mit Säure bearbeitet, bis er ein schwarzes

Klaproth, porträtiert auf der Höhe seines Schaffens

Pulver erhielt: reines Uranoxid, heute Uraninit genannt. Doch die Tragweite seiner Entdeckung war wohl weder Klaproth selbst noch seinen Zeitgenossen wirklich klar, denn erst einmal geschah ... nichts. Von Radioaktivität wusste in dieser Zeit noch niemand etwas. Stattdessen stellte man in den folgenden Jahren fest, dass die Pechblende an der frischen Luft ein beachtliches Farbenspiel entfaltete. Daraus entwickelte man Farbstoffe, mit denen im Erzgebirge bald Keramik und Glas in leuchtendes Orange, Rot oder Grün getaucht wurde. So manch erhaltenes Kunstwerk aus dieser Zeit strahlt bis heute!

Reines Uran wurde erst 1841 in Frankreich isoliert, und erst 1896 entdeckte Henry Becquerel durch Zufall die radioaktive Strahlung in seiner Dunkelkammer, als er Präparate mit einer Fotoplatte abdeckte, die sich verfärbte, obwohl kein sichtbares Licht auf sie schien. Der Erforschung dieser Strahlung wandte sich kurz darauf Marie Curie zu; der Rest ist Geschichte.

Klaproth im Übrigen machte sich auch ganz konkret um die Pharmazie verdient, obwohl ihm seine Apotheken eher als finanzielle Grundlage für seine Forschungen dienten denn als wirkliche Erfüllung. Er nutzte seine Stellung, um gegen das Unwesen der »Geheimmittel« zu Felde zu ziehen, ominöse Rezepturen, mit denen Quacksalber viel Geld verdienten. Stattdessen beteiligte er sich am ersten amtlichen Verzeichnis aller zugelassenen Arzneimittel, der preußischen »Pharmakopöe« von 1799, die großen Einfluss auf die Standardisierung der Arzneimittelverzeichnisse weltweit hatte.

Klaproths Mineraliensammlung kann man heute im Berliner Naturkundemuseum besichtigen. Auf dem Campus der Technischen Universität Berlin steht seit 1996 ein Denkmal für den Forscher, und am Standort seiner Apotheke in der Spandauer Straße erinnert eine Gedenktafel an den wegweisenden Forscher. Das eigentliche, von Schinkel entworfene Grab auf dem Dorotheenstädtischen Friedhof existiert nicht mehr, stattdessen erinnert eine Ehrentafel an diese Stätte. Sogar ein Mondkrater ist nach Klaproth benannt.

Süße ENTDECKUNG

1791 erschütterte ein Sklavenaufstand die europäische Wirtschaft: Auf der Insel San Domingo, in französischer Hand, hatten sich die Arbeitssklaven gegen ihre Herren erhoben. San Domingo war der wichtigste Rohrzuckerexporteur der Welt. Die Sklaven zerstörten Plantagen und Mühlen, die Zuckerproduktion kam zum Erliegen.

Rohrzucker war zu jener Zeit in Europa *der* Zucker. Im 11. Jahrhundert brachten ihn Kreuzfahrer aus dem Orient mit. Für die Europäer war er zunächst ein absolutes Luxusgut; der Import war kostspielig, eigene Anbauprojekte im Mittelmeerraum aufwendig. Noch im 14. Jahrhundert bekam man für ein Kilo Zucker zwei ausgewachsene Mastochsen. Vielerorts war der Handel mit Zucker den Apothekern vorbehalten, wie fast alle exquisiten Lebensmittel galt er auch als Medizin. Die Preise sanken erst, als der Zuckeranbau in den Kolonien, insbesondere in Südamerika, betrieben wurde.

Mit dem Aufstand in San Domingo nun zogen die Preise wieder enorm an, sofern überhaupt Lieferungen eintrafen. Europaweit machten sich daraufhin Chemiker und Pharmazeuten auf die Suche nach Ersatzstoffen. Zu Honig und eingedickten Fruchtsäften als Süßungsmittel wollte niemand zurück. So war es auch in Berlin.

Sigismund Friedrich Hermbstädt war einer der angesehensten Berliner seiner Zeit

Preußens König beauftragte seinen besten Mann, Sigismund Friedrich Hermbstädt, Hofapotheker und Professor für Chemie und Pharmazie. Der testete diverse Pflanzen: Mais (damals bekannt als türkischer Weizen), Bärenklau, Birken, Weinmost, Pastinaken und Mohrrüben. Seine Erträge waren gering. So empfahl er, sich auf die Gewinnung von Ahornzucker zu konzentrieren, den man aus Nordamerika kannte, freilich fehlten Kenntnisse über effektive Verfahren. Selbst im Tiergarten wurden 1796 die Bäume angezapft - ohne Erfolg. Es handelte sich bei den hiesigen Sorten ohnehin nicht um Zuckerahorn. Im folgenden Frühjahr gelang es immerhin, den Tiergarten-Bäumen genug Zuckersaft für 400 Gramm Rohzucker abzuringen. Die Qualität war zufriedenstellend, die Hoffnung wuchs. Der zuständige Minister Struensee rechnete alsbald hoch, was das für den preußischen Bedarf von sechs Millionen Pfund Zucker pro Jahr bedeuten würde: die Anpflanzung

Andreas Sigismund Marggraf

von fünf Millionen Bäumen! Doch einmal in Fahrt, ließen sich die Herren nicht mehr bremsen, auch nicht von der Tatsache, dass erste Erträge frühestens in zwanzig Jahren zu erwarten wären, wenn der Zuckerpreis vielleicht längst wieder gesunken war. Diverse Gutsbesitzer erklärten sich bereit, auf eigene Kosten in das Unterfangen einzusteigen und Anbaufläche bereitzustellen, während der Minister den Import des Saatguts organisieren sollte. Doch die meisten seiner Bestellungen trafen nie in Preußen ein. Ein Debakel!

Nur: Die Mühe hätte man sich gar nicht zu machen brauchen. Denn schon über dreißig Jahre zuvor hatte Hermbstädts Kollege Andreas Sigismund Marggraf, Schüler von Caspar Neumann und forschender Apotheker, die entscheidende Entdeckung gemacht: Die Runkelrübe enthält Zucker, der mit dem Rohrzucker chemisch identisch ist! Das wusste sowohl Hermbstädt als auch der König – und sie ignorierten es. Warum, weiß heute niemand mehr. Dabei war Marggraf ein renommierter Mann, Mitglied der Akademie der Wissenschaften und beim König hoch angesehen, der ihm immer wieder Aufträge erteilte, zum Beispiel die Suche nach einem Kaffeeersatz oder die Prüfung, ob aus dem märkischen Sand Baumaterial zu gewinnen wäre. Die Chemie verdankt Marggraf die Einführung der Mikroskopnutzung und vieles mehr, er prägte sogar den Namen des Stadtteils Gesundbrunnen, als er dort die Wasseranalyse für eine Quelle durchführte.

Franz Carl Achard

Einzig Marggrafs Schüler Franz Carl Achard verfolgte die Sache mit dem Rübenzucker weiter, zunächst auf eigene Faust. Ihm gelang es, Rüben mit einem deutlich erhöhten Zuckeranteil zu züchten (auf denen im Übrigen alle modernen Zuchtformen beruhen!) und Verfahren zur Zuckergewinnung zu entwickeln. Als Achard nun 1799 den König über seine Erfolge in Kenntnis setzte, ordnete der an, die schleppenden Ahornversuche einzustellen. Stattdessen wurde nun Achard gefördert, der 1801 die erste Rübenzuckerfabrik eröffnen konnte. Es dauerte noch bis Mitte des 19. Jahrhunderts, bis die Produktion so effektiv wurde, dass sich damit wirtschaften ließ. Ab da aber wurde die Zuckerrübe zum Motor für die preußische Wirtschaft: Ihr Anbau förderte die effiziente Ackerwirtschaft mit Fruchtwechsel. Zudem kurbelte die Verarbeitung den Fortschritt im Maschinenbau an. 1914 arbeiteten in Deutschland eine halbe Million Menschen im Rübenanbau, weitere 100 000 in der Verarbeitung. Deutschland war zum größten Rübenzuckerproduzenten der Welt geworden.

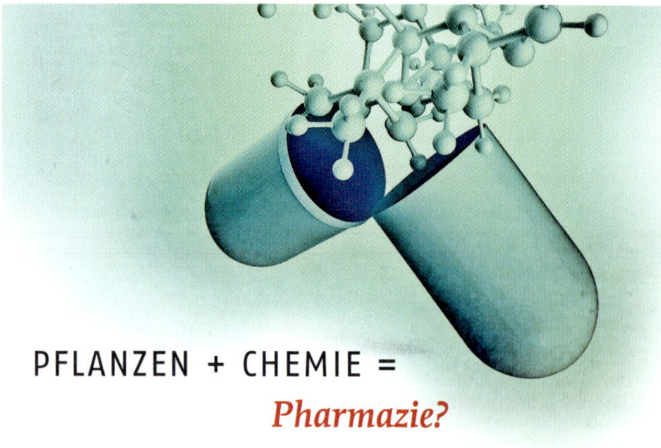

PFLANZEN + CHEMIE = *Pharmazie?*

Seit jeher experimentierte man mit allem, was die Natur hergibt, um Krankheiten zu heilen und das Wohlbefinden zu verbessern. Die Arzneimittel stammten hauptsächlich aus dem Pflanzenreich, aber auch von Tieren – bestimmte Organe, Exkremente und Knochenmehl – und aus der Welt der Mineralien. In Mittelalter und früher Neuzeit waren Apotheker dann eine Mischung aus Luxuswarenhändler und Kräuterkundlern; sie vertrieben feine Waren aus fernen Ländern, die oft als Genussmittel und Arznei zugleich dienten. Viele Güter, die für uns heute selbstverständlich sind, waren damals »apothekenpflichtig«: Zucker, später Kaffee und Tabak, Seide oder Papier.

Erst mit dem 17. Jahrhundert trennten sich Luxusgüter und Arzneien allmählich – das Geschäft war für die Apotheker nicht mehr einträglich, die Konkurrenz wuchs, stattdessen wurden von ihnen umfassende medizinische Spezialkenntnisse erwartet. Außerdem gewann eine andere Wurzel der modernen Pharmazie an

Einfluss: die Alchemie beziehungsweise ihr Nachfolger, die Chemie. Obwohl in die Alchemie nicht wenig Aberglaube hineinspielte, entwickelten und verbesserten die Alchemisten viele Verfahren wie die Destillation und die Sublimation, die noch heute wichtig für die Naturwissenschaften insgesamt sind, und entdeckten »nebenher« allerlei Substanzen. Insbesondere anhand von Verbrennungsprozessen und Erkenntnissen über den Charakter von Gasen im 18. Jahrhundert entwickelte sich die moderne analytische Chemie.

Im 19. Jahrhundert strömten anorganische und organische Chemie endgültig in eins: Bergbau und Hüttenwesen befeuerten die Kenntnisse über anorganische Verbindungen, viele spätere Pharma-Unternehmen begannen mit der Herstellung von Teerfarben und übertrugen

Destilliergeräte wie diese Retorte gehörten zum wichtigsten Arbeitsgerät für Alchemisten

ihr Synthese-Know-how dann auf Medikamente. Und schließlich entdeckten die Wissenschaftler, dass aus anorganischen Verbindungen, heruntergebrochen auf ihre elementaren Bestandteile, organische Verbindungen gewonnen werden können – also auch pharmazeutische Wirkstoffe, die man bisher mühselig aus Pflanzen und Tieren extrahieren musste. Eines der ersten Anwendungsgebiete waren Alkaloide, nun mit Metallen synthetisiert, für Narkosemittel. Oder die Salicylsäure: zuvor aus Weidenrinde gewonnen, nun synthetisch hergestellt. Auch der Fortschritt im Maschinenbau, zum Beispiel für die Pressung von Tabletten als neue trockene, haltbare und komprimierte Darreichungsform, spielte eine entscheidende Rolle auf dem Weg zur Industrialisierung der Medikamentenherstellung.

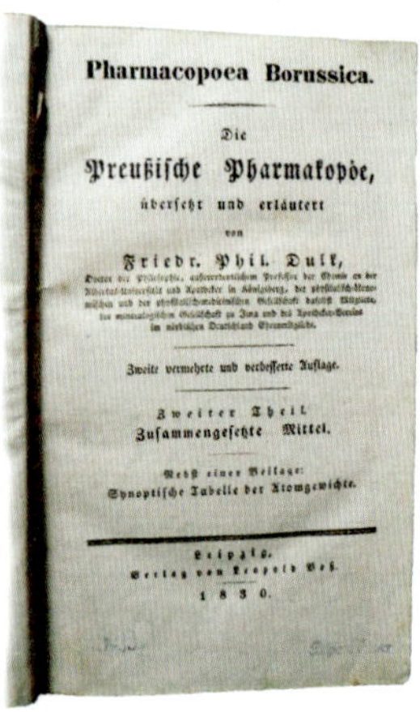
Pharmacopoea Borussica.

Die

Preußische Pharmakopöe,

übersetzt und erläutert

von

Friedr. Phil. Dulk,

Zweite vermehrte und verbesserte Auflage.

Zweiter Theil

Zusammengesetzte Mittel.

Nebst einer Beilage:

Synoptische Tabelle der Atomgewichte.

Leipzig.

Verlag von Leopold Voß.

1830.

Die »Pharmacopoea Borussica« – maßgebliches Arzneimittelverzeichnis im 19. Jahrhundert. Ein Exemplar kann in den Historischen Sammlungen der Berliner Zentral- und Landesbibliotheken begutachtet werden

Dieser Entwicklung mussten auch die Pharmazeuten selbst gerecht werden – sie wurden von Handwerkern und Kaufleuten immer mehr zu Wissenschaftlern. In Berlin war es ab 1725 Pflicht, einen medizinisch-pharmazeutischen Kurs an der Hofapotheke im Stadtschloss abzulegen, um eine Apotheke betreiben zu dürfen. 1861 wurde ein Studium obligatorisch – relativ spät, in Bayern war das schon seit Jahrzehnten so. Ab 1875 gab es dann eine reichseinheitliche Prüfungsordnung. Und doch ging Berlin in Zeiten der Industrialisierung und Urbanisierung voran: Nachdem bisher vor allem das Rheinland mit IG Farben, Merck und Bayer einen Schwerpunkt bildete, entstanden nun in Berlin – Hand in Hand mit der Hygieneforschung von Robert Koch und Rudolf Virchow – etliche pharmazeutisch-chemische Fabriken. Der Berliner Johann Daniel Riedel war einer der Ersten, der Chinin als Mittel gegen Malaria in großem Maßstab herstellte, Dr. Hans Rosemann revolutionierte mit Lysoform den Markt für Desinfektionsmittel, und Ernst Schering machte sich erst mit Jod- und Bromsalzen einen Namen – wichtiger Grundstoff für Pharma- und Fotoindustrie gleichermaßen –, später beispielsweise mit dem ersten synthetischen Kokain-Ersatz (einem damals wichtigen Schmerzmittel) oder dem weltweit erfolgreichen Gicht- und Rheumamittel Atophan. In Zusammenarbeit mit dem Chemie-Nobelpreisträger und Leiter des Berliner Kaiser-Wilhelm-Instituts für Biochemie Adolf Butenandt forschte Schering intensiv im Bereich der Hormonanalyse und -synthese. Im Fahrwasser von Robert Koch erarbeiteten Paul Ehrlich und Emil von Behring ihre Serumstheorie, wonach Infektionskrankheiten wie Diphterie durch Antikörper aus fremdem Blut bekämpft werden können – eine mit dem Medizin-Nobelpreis gewürdigte Leistung. Manche Produkte aus der boomenden Berliner Pharmaindustrie gibt es bis heute, zum Beispiel Tussamag-Hustensaft von der Albert Mendel AG (heute ct Arzneimittel).

Wie eng Pharmazie und Chemie, Wissenschaft und Praxis in dieser Aufbruchsphase, beginnend mit dem

Die Anlagen in Dahlem Anfang des 20. Jahrhunderts; rechts auf mittlerer Höhe das Pharmazeutische Institut (Königin-Luise-Straße 2 und 4), dahinter das Botanische Museum

späten 18. Jahrhundert, noch beieinander lagen, zeigt sich auch in der Berufung zahlreicher Apotheker auf die ersten Chemie-Lehrstühle, in Berlin beispielsweise Heinrich Klaproth und Sigismund Friedrich Hermbstädt. In Dahlem entstand mit dem Pharmazeutischen Institut der Friedrich-Wilhelms-Universität einschließlich Botanischem Garten und Botanischem Museum ab 1902 ein neues universitäres Wissens- und Forschungszentrum.

Zwei Weltkriege und der Nationalsozialismus bremsten die forschende Pharmazie in Berlin merklich. Der Verlust zahlreicher jüdischstämmiger Fachleute, die Zerstörungen wie auch die Teilung der Stadt bluteten die Innovationskraft vor allem im Westen aus. Aufgrund der Insellage und der oft unvorhersehbaren politischen Verwicklungen zogen viele Unternehmen an andere Standorte um. Doch Schering beispielsweise blieb in Berlin, war das erste deutsche Unternehmen, das wieder Penicillin produzierte, und expandierte vor allem dank neuer

Hormonpräparate. Henning Berlin entwickelte bahnbrechende Schilddrüsenmedikamente, während in Spandau Dr. Mann Pharma die pipettenlose Augentropfenflasche erfand und damit die Begehrlichkeiten des internationalen Konzerns Bausch & Lomb weckte. In Ostberlin wurden die meisten Betriebe verstaatlicht und nach und nach im VEB Berlin-Chemie zusammengefasst – der sich als eines von wenigen DDR-Unternehmen mit großem Erfolg über die Wende retten konnte!

Heute ist Berlin wieder Deutschlands Pharma-Standort Nummer eins. Insbesondere die Vorstufe zur Pharma-Forschung, die Biotechnologie, bringt immer neue Start-ups hervor. Aber auch die Naturheilkunde, die im 19. Jahrhundert ihre Vormachtstellung verlor, erlebt frischen Wind, u. a. weil Akademiker wie Heinz Schilcher, bis 1995 Professor an der Freien Universität Berlin, sich für eine wissenschaftliche Fundierung der hauptsächlich auf Erfahrungswissen basierenden Präparate einsetzten und weiter einsetzen.

KLOSTERFRAU MELISSEN*geist*

Die Gründungsgeschichte von Klosterfrau Melissengeist liest sich wie ein historischer Roman: 1815 kommt die Nonne Maria Clementine Martin nach Köln, das seit dem Wiener Kongress zum Königreich Preußen gehört. Eigentlich hat sie ausgesorgt: Weil sie bei der Schlacht von Waterloo selbstlos die Soldaten beider Seiten pflegte, erhält sie eine Leibrente von 160 Goldtalern vom preußischen König. Doch Maria ist geschäftstüchtig: Zunächst versucht sie sich mit medizinischen Salben, was ihr bald verboten wird, weil sie dazu als Laie kein Recht hat und gegen die Medizinalordnung verstößt. 1827 dann kreiert sie einen Melissen- und Karmelitergeist, angeblich nach uralten Rezepten aus ihrem früheren Kloster in Coesfeld. In Brüssel habe sie außerdem bei Karmeliterinnen die Heilkunst erlernt. Für keine dieser beiden Behauptungen gibt es irgendeinen Beleg – doch eine erfolgreiche Imagekampagne waren sie allemal. Und es gelang ihr, sich exklusiv den preußischen Adler als Emblem zu sichern – ein beachtlicher Markenschutz in Zeiten, in denen an so etwas noch kaum zu denken war. Das Unternehmen wuchs in den folgenden Jahrzehnten stetig.

In den 60er Jahren zog die Produktion nach Berlin um, seit 1971, als in Marienfelde, Motzener Straße 41, ein neues Werk gebaut wurde, liegt sie komplett hier.

Nach Firmenangaben konsumieren 20 Millionen Menschen den Melissengeist, der zu 79 Prozent aus Alkohol besteht und ziemlich abscheulich schmeckt. Helfen

Die Gründerin des Unternehmens Klosterfrau: Maria Clementine Martin

soll er eigentlich gegen alles, von Herzbeschwerden bis Wetterfühligkeit, vor allem wenn man sich unpässlich fühlt, ohne wirklich krank zu sein. Vor noch nicht allzu langer Zeit benannte die Firmenleitung ihre Zielgruppe mit 55+, Einstiegsalter 45, doch seit 2015 sollen auch die Jüngeren gewonnen werden. Allerdings nicht mehr mit dem Slogan »Nie war er so wertvoll wie heute«, der, in den 30er Jahren geprägt, in den allgemeinen Sprachgebrauch eingegangen ist und als Redewendung dafür herhalten muss, wenn jemand als besser oder kompetenter gilt, nur weil er schon lange dabei ist. Die Sorge, die Jugend würde den Melissengeist nicht mehr kennen, ist unbegründet. In der Clubszene liebt man das »Klostertier«, einen Cocktail aus Melissengeist und Red Bull; und Djs reinigen gern ihre Platten damit.

Das verwendete Ethanol entsteht übrigens aus dem gleichen Brandenburger Getreide wie Wodka Gorbatschow, der ebenfalls in Berlin produziert wird. Die Details der Zubereitung aber bleiben in beiden Fällen geheim.

Von außen ist das Klosterfrau-Produktionsgebäude ein trister Plattenbau mitten im Industriegebiet, der mit der romantischen Gründungssaga so gar nichts mehr zu tun zu haben scheint. Wer aber in die heiligen weißen Hallen vorgelassen wird, insbesondere ins Drogenlager, fühlt sich geruchsbedingt wie auf dem Weihnachtsmarkt: säckeweise Enzianwurzel, Nelke, Bitterorange und afrikanischer Ingwer lagern hier. Pro Kessel werden 700 Kilogramm Kräuter destilliert. Ist der Ansatz fertig, folgt die organoleptische Prüfung – die Verkostung im Kollegenkreis.

Zum Klosterfrau-Konzern gehören aufgrund von Zukäufen und Kooperationen etliche weitere bekannte Marken: zum Beispiel Taxofit, neo-angin und Ricola.

NUR ECHT MIT DEM *Spalt*

»Sagense mal, Meester, könn'se en Loch in ne Tablette machen, oder ne Kerbe oder sonst wat, det man im Dunkeln fühlen kann, wat es is?« Diese Anfrage von Maximilian Baginski an seinen Tablettenmeister war der Startschuss für die Spalt-Tablette, die heute neun von zehn Deutschen kennen. 1932 kam sie auf den Markt, werbetechnisch perfekt begleitet, um gleich klarzumachen: Neben dem praktischen Nutzen des Spaltes symbolisiert der auch noch das Spalten des Schmerzes durch mehrere Wirkstoffe in Kombination – eine nachträgliche Deutung, denn eigentlich war der Spalt nur die am leichtesten zu produzierende Umsetzung für Baginskis Idee, die Tablette tastend von anderen unterscheiden zu können.

Das erste zum Schutz angemeldete Spalt-Markenlogo

Baginskis Geschichte ist die eines klassischen Aufsteigers: 1891 geboren, absolvierte er eine kaufmännische Lehre, patentierte aber bereits bei seinem ersten Arbeitgeber eine eigene Erfindung, einen Universal-Flaschenverschluss. Der ehrgeizige Mann kündigte umgehend, um sich selbstständig zu machen, und gründete seine erste Firma. In den folgenden Jahren erschloss er sich durch Kooperationen und Übernahmen den Gesundheitssektor, erfand den Punktroller, ein Massagegerät, und machte sich über effektive Werbung in den USA kundig. 1931 folgte die Gründung der Firma Prof. Dr. med. Much'sche Präparate mbH, geboren aus der Zusammenarbeit mit dem Mediziner Hans Much, Direktor des Instituts für Serologie und experimentelle Therapie am Eppendorfer Krankenhaus in Hamburg.

Am 21. Juni 1932 schließlich brachte Baginski seine Spalt-Tablette auf den Markt, die so bekannt wurde, dass er manchmal unvermittelt auf der Straße angesprochen wurde: »Du bist doch der Spalt!« Das war vor allem der offensiven Marketingstrategie zu verdanken: Zur Markteinführung wurden großzügige Testpakete an Apotheken verteilt, die schnell vergriffen waren und umfangreiche Nachbestellungen auslösten. Kostenlose Tablettendosen für die Handtasche als Beigabe steigerten ebenfalls die Attraktivität. 60 Prozent des Umsatzes gab das Unternehmen im ersten Jahr allein für die Spalt-Werbung aus und brachte sein Produkt damit in die Top drei der Schmerzmittel auf dem deutschen Markt. Im zweiten Jahr machte derselbe Werbeetat schon nur noch 25 Prozent des Umsatzes aus, 1941 – trotz Preissenkung – nicht mal mehr ein Prozent! Dank des enormen Bekanntheitsgrads konnte Baginski in den 50er Jahren mit dem Slogan »nur echt mit dem Spalt« werben.

Nach dem Zweiten Weltkrieg zog Baginski mit seiner Firma nach Bad Soden im Taunus. Seine Berliner Produktionsstandorte wurden zunächst als VEB Pharmazeutisches Werk Pankow fortgeführt; heute erinnert vor Ort aber nichts mehr an diese Zeit. Die Marke Spalt gehört infolge von Übernahmen inzwischen zum Pfizer-Konzern.

ÄRZTE *versus* APOTHEKER

In den modernen Industrieländern wird heute kaum noch mit den klassischen Apothekengiften gemordet. Die Labormethoden sind so verfeinert, dass der Nachweis der Substanzen zuverlässig möglich und somit die Enttarnung der Täter sehr viel wahrscheinlicher ist. Der perfekte Giftmord also eine Illusion? Fachleute weisen – auch angesichts von Tötungsdelikten in Krankenhäusern und Pflegeheimen – darauf hin, dass sich solche Taten in den sehr viel schwieriger nachweisbaren Bereich der Arzneimittelverabreichung verlagern, durchgeführt mit falschen Dosierungen, falscher Medikation oder kalkulierten Wechselwirkungen von Medikamenten. So auch im Fall der zu trauriger Berühmtheit gelangten Krankenschwester Irene B., die als »Todesengel aus der Charité« bezeichnet und 2005 wegen »fünffachen Mordes« an ihr anvertrauten Patienten zu lebenslanger Haft verurteilt wurde. Aber Giftanschläge im herkömmlichen Sinn werden nach wie vor verübt. So kann der eh schon von Pannen und Korruptionsvorwürfen begleitete Berliner Flughaufenbau nun auch noch einen Giftskandal vorweisen: Einem Bauingenieur, der entscheidende Hinweise auf Bestechungsvorgänge gegeben hatte, wurde eine »nicht frei erhältliche, tödlich wirkende Substanz« in den Bürokaffee gegeben, wie die Cottbuser Staatsanwaltschaft

2015 ermittelte. Der Ingenieur überlebte den Anschlag, doch ein Täter konnte nicht überführt werden.

Arsen galt lange Zeit als »Königin der Gifte«. Die geschmacklose Substanz, die den Energietransport in den Körperzellen unterbindet und zum Versagen der Organe führt, war als wirksames Schädlingsbekämpfungsmittel etwa gegen Ratten seit dem Mittelalter problemlos in den Apotheken erhältlich. Besonders Frauen sollen es eingesetzt haben, um sich des ungeliebten Ehemannes oder anderer Feinde zu entledigen. Tatsächliche statistische Aussagen gibt es nicht. Aber eine ganze Reihe von spektakulären Fällen ging in die Annalen ein, wie der von Sophie Ursinus.

Die 1760 in Österreich geborene Frau hatte das Pech, dass ihr Vater, ein angesehener Legationsrat, sich um Status und Vermögen brachte und seine Heimat verlassen musste. Für die Neunzehnjährige lag der Ausweg aus der Misere in einer lukrativen Partie. Sie heiratete den Geheimen Justizrat und Regierungsdirektor Theodor Ursinus, einen sehr viel älteren, kränklichen und halb tauben Mann, der der lebenslustigen Frau außer finanzieller Sicherheit nichts zu bieten hatte. 1792 siedelte das ungleiche Paar nach Berlin über, wo sich Sophie einen Liebhaber suchte. Der schnittige holländische Offizier Ragay übernahm die »ehelichen Pflichten« des Regierungsdirektors wohl mit dessen Einverständnis und wohnte praktischerweise gleich nebenan. Doch die Liebe hielt nicht: 1796 trennte Ragay sich von ihr. Nur wenig später verstarb er. Die offizielle Diagnose lautete auf Lungenschwindsucht.

Drei Jahre danach ereilte Sophies Gatte ebenfalls der Ruf des Sensenmanns: Der alte Herr hatte eben noch bester Dinge seinen Geburtstag gefeiert, als er am Tag darauf sein Leben aushauchte. Sophie gab an, schon am Abend nach der Feier habe er über Unwohlsein geklagt und unter Koliken gelitten, woraufhin sie ihn mit Hausmitteln behandelt habe: ein Stärkungselixier, ein Brechmittel – was die Hausapotheke eben hergab. Als sie im Laufe des Tages die Ärzte hinzuzog, konnten die nichts mehr für den Regierungsdirektor tun und diagnostizierten einen Hirnschlag.

Die Mehrfach-Mörderin Sophie Ursinus

Nun war Sophie Ursinus Witwe und ganz allein in ihrer herrschaftlichen Wohnung. Um ihrer Trauer Herr zu werden, reiste sie zu ihrer reichen Tante, Christiane Witte. Doch dann erkrankte die gute Frau. Sophie blieb an ihrer Seite, um die Leidende zu pflegen. Allein, es half nichts. Sophie nahm eine beträchtliche Erbschaft mit nach Hause und begab sich alsbald ins gesellschaftliche Leben zurück.

Sie war keineswegs von allen verlassen, sie hatte noch Personal. Darunter ein Diener namens Benjamin Klein, der jedoch Anstalten machte, sich einen neuen Dienstherrn zu suchen. Bis ihn eines Tages Magenkrämpfe und Übelkeit übermannten. Sophie Ursinus war wie immer hilfreich zur Stelle. Nur: Was immer sie ihm gab, es ging ihm danach schlechter. Als sie ihm schließlich einen Milchreis brachte, lehnte der Diener die Gabe ab – und beobachtete wenig später, wie seine Herrin den Teller unberührt entsorgte. Sein Misstrauen war endgültig geweckt, und er durchsuchte heimlich die Schränke. Und tatsächlich: Klein fand ein Säckchen mit der Aufschrift »Arsenik«! Wollte sie ihn vergiften?! Hatte sie gar noch andere auf dem Gewissen? Als die Ursinus ihm die nächste Mahlzeit reichen wollte, nahm er sie dankend an, doch statt sie zu essen, brachte er sie zur Analyse in die Apotheke. Und siehe da: Die gebackenen Pflaumen enthielten Arsen!

Nun wurde Anzeige erstattet und der kriminalistische Apparat in Gang gesetzt. Am 5. März 1803 wurde Sophie Ursinus, die gerade eine Gesellschaft im Haus hatte und am Spieltisch saß, verhaftet. Wie sich bald herausstellte, kursierten schon länger Gerüchte, es sei weniger Pech, das die Menschen um sie herum sterben ließ, als vielmehr Gift. Der Mann, der Liebhaber, die Tante – alle Opfer einer ruchlosen Mörderin?

Die Leichname der Tante und des Ehemannes wurden exhuminiert, einer der bekanntesten Apotheker und Chemiker der Stadt wurde mit der Obduktion beauftragt: Martin Heinrich Klaproth, assistiert von Valentin Rose, ebenfalls Apotheker und Nachfolger seines gleichnamigen Vaters, des Besitzers der Apotheke zum weißen Schwan, woselbst der Sohn in einem eigens eingerichteten Labor gemeinsam mit Klaproth experimentierte und forschte. Doch die Herren standen vor gleich zwei Problemen: Zum einen gab es noch kein Nachweisverfahren für Arsen im Körper, zum anderen hatten die Ärzte bereits zum Todeszeitpunkt Diagnosen gestellt und ließen sich ungern von den Apothekern korrigieren. In beiden Leichen fanden Klaproth und Rose pathologische Veränderungen des Magen-Darm-Traktes, die eindeutig auf eine Vergiftung hinwiesen. Doch nur im Falle der Tante wurde die Angabe der Todesursache daraufhin geändert. Die Ärzte von Theodor Ursinus verfügten über ein solches Renommee, dass das Gericht ihnen nicht widersprechen wollte, während die Ärzte von Christiane Witte weniger bekannt waren.

Sophie Ursinus wurde im September 1803 vom Berliner Kammergericht wegen der Tötung ihrer Tante und versuchten Mordes an ihrem Diener zu lebenslanger Festungshaft verurteilt, die sie auf der Festung Glatz absitzen sollte (heute auf polnischem Gebiet), sie wurde allerdings nach dreißig Jahren begnadigt.

Valentin Rose zog aus dem Fall Ursinus seine eigenen Konsequenzen: Er forschte weiter, bis es ihm endlich gelang, Arsenvergiftungen nachzuweisen. Der englische Chemiker James Marsh schließlich perfektionierte das Verfahren mit einer Nachweisprobe, die heute seinen Namen trägt.

Party mit PHARMA-*Charme*

Die Berliner Pharmazie-Studenten waren lange eine Art ungeliebtes Stiefkind der Universität, mussten ihre Lehrgänge in Privatlaboren oder dem Keller des Leichenschauhauses absolvieren. 1902 erhielten sie dann endlich ein eigenes Institut in Dahlem – damals außerhalb der Stadtgrenzen. Bombenangriffe im Zweiten Weltkrieg zerstörten unter anderem den Hörsaal, vor allem aber ging es im besetzten Berlin mit den Zuständigkeiten drunter und drüber, weil die einzelnen Institute der Berliner Friedrich-Wilhelms-Universität in verschiedenen Besatzungszonen lagen. Die Sowjets übernahmen den zentralen Campus und wandelten ihn später in die Humboldt-Universität um. Die Westalliierten gründeten mit der Freien Universität 1948 eine Westberliner Voll-Universität. Dabei fehlte es den Naturwissenschaftlern an

Auf der Hanfparade wird jedes Jahr für die Legalisierung von Cannabis – u. a. für Medikamente – demonstriert

allem, und so machten sich die Pharmaziestudenten und -studiumsanwärter selbst daran, ihren Lehrbetrieb in Gang zu bekommen: Räume wurden organisiert, Lehrpersonal aus Westdeutschland angeworben, in Bollerwagen auf Streifzügen durch die Ruinen der Stadt die nötigen Chemikalien beschafft – was mehrfach zu Festsetzungen durch die Polizei führte. 1950 eröffnete dann in Weißensee auch ein Ostberliner Pharmazie-Institut. Das führte nach der Wende zu einigem Aufruhr – Versprechungen, beide Einrichtungen zu erhalten, wechselten mit Schließungsversuchen durch den Senat, die Studenten protestierten immer wieder lautstark. Doch 2002 war Weißensee Geschichte, seither gibt es nur noch das FU-Institut in Dahlem. Pharmazie zu studieren bedeutet übrigens ein immenses Lernpensum und einen sehr dicht strukturierten Stundenplan.

Wer so viel mitgemacht hat, darf auch feiern: Zunächst geschah das nach dem Krieg noch sehr beschaulich mit Bällen, Dampferfahrten und mehrwöchigen Exkursionen. Seit einigen Jahren hat sich aber eine ganz andere Tradition etabliert: die Pharma-Fete! Einmal pro Semester laden die Studierenden in einen Berliner Club. Die Party ist immer weiter angewachsen und mittlerweile für jeden offen, der dabei sein will, wenn die Laborratten zu R'n'B und Pop abgehen. Alles ist größer und kommerzieller geworden als zu den bescheidenen Anfängen. Organisiert wird das Event üblicherweise aber immer noch von den Studierenden im fünften Semester, denn die haben am meisten Kapazitäten frei. Die Studis werben mit ethanolhaltigem Hopfenauszug zu fairen Preisen, übernehmen aber für Nebenwirkungen wie exzessive Tanzwut keine Verantwortung. Klar, sie sind ja noch nicht approbiert!

Pharmazeutisch relevant ist auch das Thema Cannabis-Konsum: Über Jahrtausende war Hanf Bestandteil von Arzneimitteln, bis er im 20. Jahrhundert in Verruf geriet. Einerseits war er als Naturprodukt nicht standardisierbar und entsprach deshalb nicht den

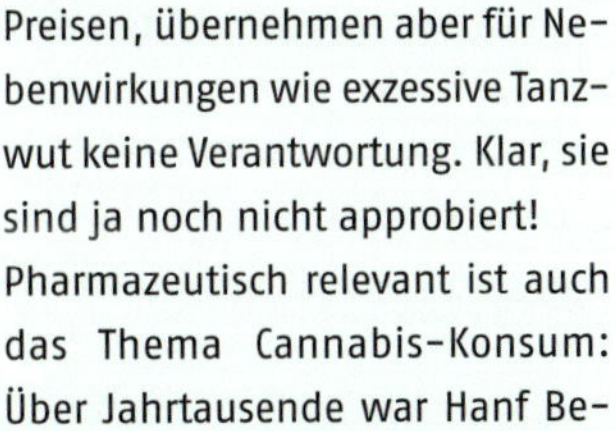

Barbesitzer und Chemiker Tom Zyankali in seinem Element

Anforderungen an moderne Medikamente, andererseits kam er zunehmend als Rauschmittel in Gebrauch. Heute besinnt man sich wieder auf seine nachweislichen Wirkungen in der Schmerztherapie, aber auch bei Multipler Sklerose oder bei Übelkeit und Erbrechen. In Berlin findet seit 1997 jedes Jahr im August die Hanfparade statt, um ein Zeichen für die Legalisierung von Hanf zu setzen – ein Spektakel mit Paradewagen, Bühnenkundgebung und Musik. 2016 registrierten die Veranstalter 12 000 Teilnehmer.

Ein besonderer Anlaufpunkt ist die Zyankali Bar in Kreuzberg (Gneisenaustraße 17). Dort sieht die Bar aus wie ein Chemielabor; Glaskolben mit mysteriösen Flüssigkeiten in allen Farben des Regenbogens, hier und da blubbert und qualmt es. Platz nehmen darf der Gast auf lederbezogenen Krankenhausbetten, um sein Getränk im Erlenmeyerkolben zu genießen. Besitzer und Barkeeper Tom Zyankali trägt zu gezwirbeltem Schnurrbart und silberner Krawatte natürlich Laborkittel. Er ist tatsächlich Chemietechniker und mixt so einiges, was es nur hier gibt: Cocktail-Eis, gelierten Wodka oder Grenadine-Kaviar, dazu mehr als zweihundert hausgemachte Aromen. Berühmt ist die Bar auch für ihre Absinth-Vorräte. Wer im Winter friert, bekommt sogar heiße Cocktails!

BERLIN IM *Rausch*

Um den Drogenkonsum der 20er Jahre zu verstehen, muss man etwas weiter zurückgehen und sich von unserer heutigen Vorstellung, welche bewusstseinsverändernden Mittel legal und gesellschaftlich tolerabel sind, verabschieden. Als Anfang des 19. Jahrhunderts Morphin aus dem Schlafmohn isoliert und in gleichbleibender Qualität gewonnen werden konnte, war das eine medizinisch-pharmazeutische Sensation im positiven Sinne: Man wähnte sich in Besitz eines Allheilmittels gegen Schmerz und Unwohlsein, das bis weit ins 20. Jahrhundert ganz legal beworben wurde – mit Deutschland als Weltmarktführer. Morphinhaltige Säfte waren ebenso rezeptfrei zu haben wie kokainhaltige Mischgetränke – die Coca-Cola-Ursprungsrezeptur des Apothekers Pemberton enthielt pro Liter etwa 250 Milligramm Kokain.

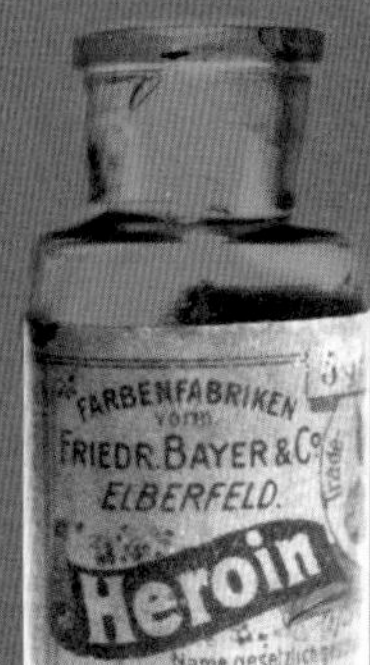

Heroin, ursprünglich ein Schmerzmittel von Bayer

1897 entwickelte das Unternehmen Bayer Heroin als Weltneuheit; empfohlen zum Gebrauch als Schmerzmittel, als Hustensaft für Kinder und sogar gegen die Darmkoliken von Neugeborenen. Ein Problembewusstsein bezüglich Nebenwirkungen und Abhängigkeit entwickelte sich erst im Laufe der folgenden Jahrzehnte, gesetzliche Regelungen und Verbote brauchten noch länger. Stattdessen wurde es erst einmal üblich, dass solche Substanzen nicht mehr nur Kranken zugute kamen, sondern als Teil eines künstlerisch-freien Lebensstils konsumiert wurden. Das galt bald nicht nur für wohlhabende Kreise, sondern wurde nach dem Ersten Weltkrieg zum selbstverständlichen Bestandteil der Vergnügungsindustrie, aber auch des Arbeitslebens: Zeitweise sollen bis zu 40 Prozent der Berliner Ärzte morphinsüchtig gewesen sein. Allein 1928 gingen 73 Kilogramm Morphin und Heroin ganz legal via Rezept über den Apothekentresen. Kokain galt gar als »Champagnerdroge« unter den Bohemiens.

Nach dem Krieg spielten verschiedene Faktoren ineinander: Nicht wenige Soldaten kehrten völlig heruntergewirtschaftet, teils als Junkies nach Hause zurück. Das Bedürfnis machte sich breit, verlorenes Leben nachzuholen, dem Totalverlust etwas entgegenzusetzen, den Schmerz zu überdecken. Daraus entstand eine wilde

Eines der Szene-Lokale des wilden Berlins: die Kakadu-Bar (Ecke Joachimsthaler Straße / Augsburger Straße, gleich am Kurfürstendamm). Heute logiert hier ein Brautmodengeschäft

Anita Berber und ihr Partner Sebastian Droste

Szene aus illegalen Partys und Nachtlokalen wie der Weißen Maus, der Kakadu-Bar oder dem Haus Vaterland am Potsdamer Platz. Diese Szene lockte auch amerikanische Touristen in Scharen, die über die enthemmten Berliner staunten. Selbst chinesische Opiumhöhlen wurden eröffnet, konnten sich aber nicht behaupten.

Eine der Ikonen dieser Zeit war Anita Berber, über die Karl Lagerfeld sagt: »Sie war die gewagteste Frau ihrer Zeit. Sie hat ihr kurzes Leben verbrannt.« Die Berber kam vom klassischen Ballett, brach dort aber alsbald aus und führte die ernsthafte Choreografie in den Nackttanz ein. Doch kollidierte allzu oft ihr künstlerischer Anspruch mit dem Publikum, das sich hauptsächlich für ihre Nacktheit interessierte, was die Berber wiederum dazu brachte, gelegentlich Gäste und Inventar zu attackieren. Sie war Filmstar und Stilikone – einige Jahre gingen die Berlinerinnen am liebsten »à la Berber« durch die Straßen. So brachte sie zum Beispiel den Damensmoking in Mode. Berühmt-berüchtigt war sie aber auch für ihren Drogenkonsum: Von Kokain und Heroin war sie zeitweise abhängig und sprach offen darüber: »Ich weiß genau, was mit mir los ist. Ich schnupfe Kokain. Ich habe schon entzündete Nasenflügel davon.« Auch in ihre Kunst floss das ein, so entwickelte sie mit ihrem Partner und Ehemann Sebastian Droste Tänze mit den Titeln »Kokain« und »Morphin«. Zum Frühstück gönnte sie sich in Chloroform und Äther getränkte weiße Rosenblätter – eine seinerzeit sehr beliebte, aber auch gefährliche Kombination.

In der aufkommenden Neuen Sachlichkeit sank der Stern der Berber, ihr Stil war in Berlin nicht mehr gefragt. Sie starb 1928, nach qualvollen Monaten, mit 29 Jahren an Tuberkulose. Klaus Mann, selber für seine Affinität zu Drogen bekannt, fasste ihr Leben treffend zusammen: »Sie machte nie halbe Sache. Ihr Absturz, rapid und katastrophal, scheint großartig stilisiert, pathetisch gesteigert, wie vorher ihr Triumph.«

WENN FRAUEN *morden*

Auf andere Weise machten im Berlin der 20er Jahre zwei Frauen von sich reden, die bis heute bekannt sind, weil der Kassenarzt und Schriftsteller Alfred Döblin eine Geschichte über sie schrieb: Ella Klein und Margarete Nebbe. Als lebenslustige junge Frau war Ella aus Braunschweig nach Berlin gekommen und arbeitete bei einem Friseur, als sie den sieben Jahre älteren Tischler Willi Klein traf. Obwohl sie schon bald merkte, dass diese Beziehung nicht die Erfüllung ihrer Jungmädchenträume war, heiratete sie ihn in der Hoffnung auf ein gutes Leben mit eigener Wirtschaft – und wurde rasch enttäuscht. Das Paar zog bei der Mutter des Tischlers ein. Bald schon gab es Streitereien um die richtige Haushaltsführung, aber auch um Ellas Unlust an Sex, und ihr Mann neigte zu Wutausbrüchen und Gewalttätigkeit.

An einem geselligen Abend trafen sich die Kleins mit dem Eisenbahnschaffner Nebbe und seiner Frau Margarete. In ihr fand Ella endlich die Schulter zum Anlehnen, nach der sie sich sehnte. Bald sahen sich die Frauen täglich – und schrieben sich darüber hinaus Briefe, immerhin sechshundert in fünf Monaten. Margarete Nebbe neigte zu romantischen, pathetischen Träumereien, an denen ihr Ehemann, der forsche und geradlinige ehemalige Offizier Nebbe, zwangsläufig scheitern musste.

Nur wenige Monate später war Willi Klein tot.

Am 1. April 1922 brachte Ella ihren Ehemann, der seit Wochen unter schweren Grippesymptomen und heftigen Darmproblemen gelitten hatte, ins Krankenhaus Lichtenberg. Er überlebte den Tag nicht. Ella gab an, das könne nur Folge seines Alkoholmissbrauchs sein. Doch Kleins Mutter wollte das nicht glauben und erstattete Anzeige. Und tatsächlich: Die Gerichtsmedizin fand Unmengen von Arsen. Willi Klein war vergiftet worden. War seine Frau eine eiskalte Mörderin?

Ellas Pläne jedenfalls sahen zunächst anders aus: Als zwischen den beiden Frauen auch eine sexuelle Beziehung aufflammte, wollte sie sich von ihrem Mann trennen. Sie ließ sich ihre Verletzungen durch häusliche Gewalt ärztlich attestieren, beauftragte einen Scheidungsanwalt und floh schließlich aus der gemeinsamen Wohnung. Doch bald wurde ihr die Nähe zu Margarete zu viel, Willi wiederum verbündete sich mit Ellas Eltern und schaffte es schließlich, seine Frau zurückzuholen. Es dauerte nur Tage, bis alles beim Alten war. Nun reifte in Ella der Plan, ihren Mann ans Krankenbett zu fesseln. Sie besorgte sich beim Drogisten Rattenkuchen, der jedoch zu gering dosiert war, um nennenswerte Wirkung zu zeitigen. Der Drogist verkaufte ihr für zwei Mark zehn bis fünfzehn Gramm. Alle paar Tage mischte Ella ihrem Mann das Gift ins Essen, bis es ihm schlechter und schlechter ging. Doch die Ärzte diagnostizierten lediglich eine verschleppte Grippe, und auch Klein selbst hegte keinen Verdacht gegen seine Frau. Dass er sterben könnte, war für Ella vermutlich nicht der Kerngedanke; wohl aber für Margarete, die ihre Freundin anstachelte und ihr versicherte, sie werde ihren Ehemann ebenfalls beseitigen – nur etwas später, um keinen Verdacht zu erregen. Doch sie war in ihrer eigenen Ehe gar nicht so unglücklich, wie sie Ella glauben machte, und hegte keine konkreten Absichten. Es war eher das Spiel mit der Macht, die Genugtuung, dass jemand *für sie* einen Mord begehen würde, was sie motivierte.

Ella und Margarete wurden vor Gericht gestellt. Doch die Strafen fielen ausgesprochen milde aus: Margarete erhielt wegen Mittäterschaft eine Zuchthausstrafe von anderthalb Jahren, Ella wurde aufgrund mildernder Umstände – Sachverständige fanden ihre Persönlichkeit unreif und anerkannten ihren Leidensdruck durch die Misshandlung seitens ihres Mannes – zu vier Jahren Gefängnis verurteilt.

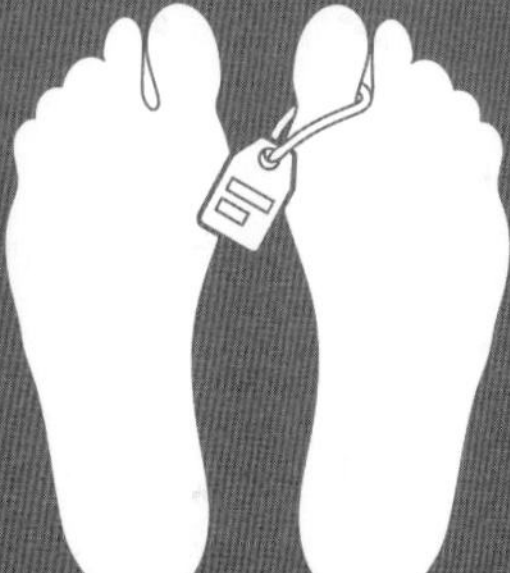

Das Robert-Koch-Denkmal von 1916 vor der Berliner Charité

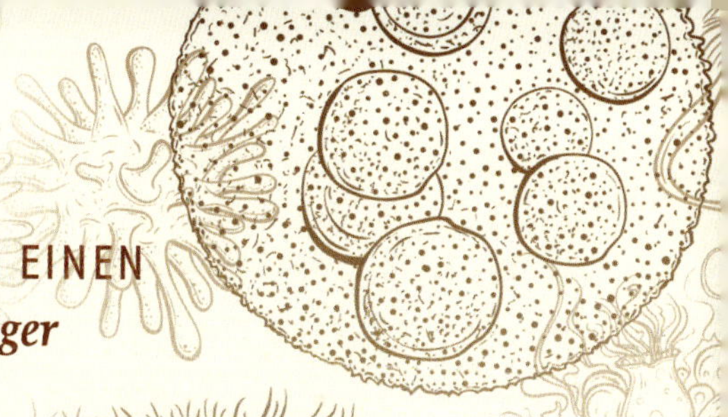

SKANDAL UM EINEN *Nobelpreisträger*

Jahrhundertelang standen die Menschen Seuchen und Infektionskrankheiten hilflos gegenüber. So glaubte man, dass Krankheiten durch schlechte Ausdünstungen entstünden, denen man durch Räucherungen beikommen könne. Das änderte sich im 19. Jahrhundert, auch weil die Ärzteschaft zunehmend ein Bewusstsein für die eigene gesellschaftliche Verantwortung entwickelte. Zu dieser neuen, engagierten Gruppe gehörte in Berlin, wo diese Tendenz schließlich in die Gründung des Kaiserlichen Gesundheitsamts (1876) mündete, der Pathologe Rudolf Virchow. Er war maßgeblich daran beteiligt, dass zentrale Trinkwasserversorgung, Abwasser- und Müllbeseitigung sowie zahlreiche Spezialkrankenhäuser in der Stadt entstanden, parallel zum Beginn der pharmazeutischen Industrialisierung mit Schering und weiteren Pharma-Firmen. Virchow verfocht ein ganzheitliches Hygienekonzept, praxisorientiert und mit Fokus auf die sozialen Verhältnisse. Als eigene Wissenschaft wollte er die Hygiene aber nicht sehen, sondern interdisziplinär.

Ganz anders Robert Koch: Er konzentrierte sich nur auf die Bakteriologie, als deren eigentlicher Begründer er sich verstand; also auf Erreger als Krankheitsursache. Beide Ansätze zusammengenommen sind gewissermaßen Antagonist und Vorstufe für die Pharmazie in einem: Einerseits soll gute Hygiene dafür sorgen, dass

Krankheiten gar nicht erst entstehen und Arzneien folglich nicht nötig sind. Andererseits war die Forschung Kochs die Basis für zahlreiche Impfstoffe und Medikamente gegen Infektionskrankheiten.

Kochs erster bahnbrechender Erfolg gelang 1882 mit der Identifizierung des Tuberkelbazillus. Auch an einem Heilmittel arbeitete er, das bisher nur an Meerschweinchen getestet worden war, als der Kultusminister ihn drängte, es 1882 auf einem großen Mediziner-Kongress vorzustellen. Schließlich wollte man dem internationalen Publikum eine Sensation präsentieren! Und die stellte sich ein: Kochs Serum aus geschwächten Tuberkelbazillen, Glycerin und Wasser verkaufte sich rasant, Ärzte aus aller Welt strömten nach Berlin, um Schau-Behandlungen beizuwohnen, darunter auch ein Arzt namens Arthur Conan Doyle aus London. Doch bald trat Ernüchterung ein: Die erhofften Heilerfolge blieben aus, Tests an gesunden Menschen ergaben heftige Krankheitsausbrüche. Die Euphorie schlug in Empörung um. Kochs Tests im Vorfeld waren unzulänglich gewesen, auch Nebenwirkungen hatte er ignoriert. Er hatte sein Serum an sich selbst und an seiner jugendlichen Freundin Hedwig Freiberg erprobt, seiner späteren zweiten Frau. Sie berichtete, er hätte ihr diesen Wunsch angetragen als Zeichen ihres Vertrauens und erläutert, sie könne durchaus krank werden, aber sterben würde sie »voraussichtlich nicht«. Sie willigte ein, erhielt Injektionen in den Rücken – und erkrankte heftig. Doch sie überlebte.

Heute erscheint ein solches Vorgehen undenkbar. Das Arzneimittelgesetz, Paragraf 21, regelt die Zulassungsvoraussetzungen, bis zu diesem Zeitpunkt werden im Schnitt dreizehn Jahre Forschung in einen neuen Wirkstoff investiert. Ausgangspunkt sind meist »Targets«, körpereigene Moleküle, die im Krankheitsverlauf eine entscheidende Rolle spielen und an denen ein Wirkstoff ansetzen kann. Die Suche nach der passenden Substanz ist eine nach der Nadel im Heuhaufen, denn sie muss nicht nur ihren Zweck erfüllen, sondern darf die Grenzen der vertretbaren Risiken nicht überschreiten. In Massenlabortests werden Substanzen und Targets zusammengebracht, passende Kandidaten chemisch optimiert, nötigenfalls Tierversuche durchgeführt, um die Wirkstoffkandidaten in die vorklinische Phase schicken zu können. Dann prüfen Toxikologen auf schädliche Effekte; hier sind u. a. Tests an mindestens zwei Tierarten vorgeschrieben. Nur was diese besteht, kann mit Zustimmung nationaler Behörden und Ethik-Kommissionen am Menschen erprobt werden. Zunächst an einer kleinen Gruppe Gesunder, um beispielsweise die Verträglichkeit zu prüfen, dann an Erkrankten.

Robert Koch beschäftigte sich mit zahlreichen Krankheiten, von Pest bis Schlafkrankheit, und reiste dafür um die ganze Welt. 1905 erhielt er für seine Forschung den Nobelpreis. Entscheidend war auch, dass Koch methodische Grundlagen schuf und Nährböden entwickelte, auf denen man sauber Bakterienkulturen ziehen kann. Schon 1880 hatte er Laborräume im Kaiserlichen Gesundheitsamt erhalten, danach wurde er erster Ordinarius für Hygiene an der Berliner Universität. 1891 übernahm er die Leitung des neuen Instituts für Infektionskrankheiten im Wedding (Nordufer 20) und konnte sich ganz und gar auf die Forschung konzentrieren. Seit 1912 trägt die Einrichtung seinen Namen: Robert-Koch-Institut.

PERVITIN – *Crystal Meth* FÜR DIE SOLDATEN

Was ab Mitte der 30er Jahre in Deutschland unter der NS-Regierung gang und gäbe wurde, hätte Walter White, den berühmten Drogenkoch aus »Breaking Bad«, glatt arbeitslos gemacht: Amphetamine, heute weltweit aus gutem Grund als illegale Drogen eingestuft, galten damals als ganz normaler Muntermacher, nicht anders als die tägliche Tasse Kaffee. Sogar in Pralinen für die erschöpfte Hausfrau waren sie verarbeitet!

Es geht um Pervitin, ein Medikament, das in den Berliner Temmler-Werken in Johannisthal entwickelt und zum absoluten Kassenschlager wurde. Inspiration waren die Olympischen Spiele 1936 in Berlin: Viele der Sieger hatten mit dem Amphetamin Benzedrin nachgeholfen – damals noch erlaubt, heute selbstverständlich auf der Dopingliste. Wenn so etwas Sportlern helfen konnte, warum dann nicht auch gestressten Angestellten, überarbeiteten Führungskräften, Schicht- und Nachtarbeitern?

Ein handelsübliches Röhrchen Pervitin

Für Temmler gab es keine moralischen oder medizinischen Bedenken, Chef-Chemiker Fritz Hauschild machte sich voller Enthusiasmus ans Werk. Er war auch deshalb guter Dinge, weil er bereits auf Vorarbeiten aus Japan zurückgreifen konnte: Dort hatte man das vielversprechende Molekül N-Methylamphetamin synthetisiert und bereits zu einer stabilen kristallinen Form weiterentwickelt. Bald konnte Temmler sein marktreifes Produkt präsentieren: Pervitin, deutlich stärker als Benzedrin.

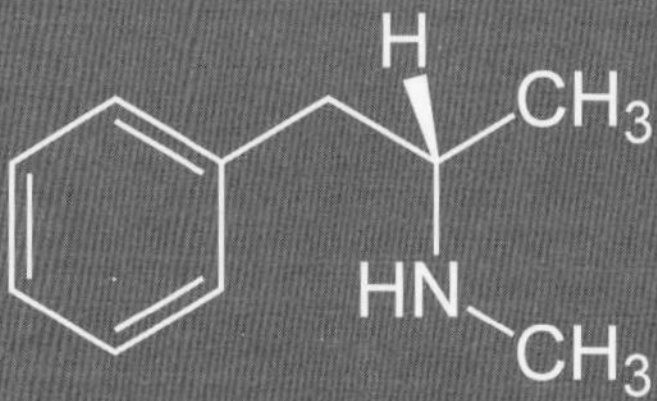

Metamphetamin – heruntergebrochen auf seine chemische Formel

Das Wirkprinzip ist so einfach wie effektvoll: Pervitin regt die Nervenzellen dazu an, seine Botenstoffe Dopamin und Noradrenalin verstärkt auszuschütten – ein neuronales Gewitter setzt ein. Man fühlt sich augenblicklich hellwach, leistungsstark, die Sinne sind geschärft. Diese Wirkung kann bei Pervitin über viele Stunden anhalten, Nächte lassen sich problemlos durcharbeiten. Selbst als Mittel gegen Frigidität, Depression und Entzugserscheinungen von anderen Drogen wurde es angepriesen.

Temmler fuhr eine massive Werbekampagne, einerseits im öffentlichen Nahverkehr, andererseits im Direktvertrieb bei Ärzten und Kliniken, die gleich eine Probe für den Selbstversuch erhielten. Mit vollem Erfolg: Bald war Pervitin in allen Bevölkerungsschichten verbreitet. Studenten lernten damit, Sekretärinnen konnten schneller tippen, Fernfahrer strichen ihre Pausen. Das

Mittel passte perfekt in das, was sich gerade entwickelte: die Leistungsgesellschaft.

Nur: schlauer wird man damit nicht, im Gegenteil – je komplexer die Aufgabe, desto hinderlicher sind Amphetamine. Das bemerkte auch Otto Ranke, Leiter des Instituts für allgemeine und Wehrphysiologie, das sich dort befand, wo heute das Bundesministerium für Wirtschaft und Energie untergekommen ist (Invalidenstraße). Er war vom Heeresamt beauftragt, ein Mittel gegen die Müdigkeit der Soldaten zu finden. Nachdem er gelesen hatte, dass Pervitin das Atemvolumen beträchtlich vergrößert, führte er mit Sanitätsoffiziersanwärtern eine freiwillige Blindstudie mit Pervitin, Koffein und einem Placebo durch. Trotz verminderter Merk- und Konzentrationsfähigkeit war Ranke von Pervitin als Durchhaltemittel anschließend überzeugt. Bald war es auch unter Soldaten selbstverständlich, von der Familie neben warmer Unterwäsche Pervitin zu erbitten. Die Vorgesetzten duldeten das, weil sie die kurzfristigen Erfolge sahen. Bestes Beispiel dafür ist der Schriftsteller Heinrich Böll, von dem zahlreiche Briefe aus dieser Zeit überliefert sind. So schrieb er seinen Eltern einmal von der Front: »Die Musik ist manchmal wirklich ein großer Trost für mich (im übrigen Pervitin nicht zu vergessen, das ganz besonders nach Nächten mit Alarm wunderbare Dienste tut).« Der Frieden kehrte zurück, doch die Sucht blieb; später konnte Böll nur unter Drogeneinfluss schreiben.

Mittlerweile weiß man: Die Nervenzellen sind, wenn die Wirkung des Pervitins erschöpft ist, leer, die Botenstoffe vorerst verbraucht; über Tage und manchmal

Wochen können sie ihr normales Leistungsniveau nicht mehr erreichen. Müdigkeit, Antriebslosigkeit und Depression sind die Folgen. Langfristig drohten das Absterben der Zellen und der Abbau von Gehirnmasse.

Dass man das auch im NS-Gesundheitsministerium zumindest ahnte, zeigt, dass Pervitin 1939 immerhin der Rezeptpflicht unterstellt wurde, um dem grassierenden Missbrauch Einhalt zu gebieten. Eine Maßnahme, die nur bedingt Wirkung zeigte und von vielen Apothekern umgangen wurde.

Die Heeresleitung hatte derweil die Order für den Ardennen-Durchstoß erhalten. Ein Unterfangen, das mit zu wenigen Soldaten und Schönwetterausrüstung nur gelingen konnte, wenn man Tag und Nacht durchmarschierte. Um das zu ermöglichen, kam Pervitin nun erstmals systematisch und von der Heeresleitung verordnet zum Einsatz. Bei Temmler ging eine Bestellung über 35 Millionen Pillen ein. Die Soldaten hielten durch, nach drei Tagen erreichten sie die französische Grenze. Es war Methamphetamin, das den Blitzkrieg möglich machte und die Soldaten in einen Zustand versetzte, in dem sie sich unbesiegbar wähnten.

Dass die Deutschen heftig nachgeholfen hatten, sprach sich auch bei ihren Gegnern herum – wobei die ebenfalls zu Aufputschmitteln griffen, die Briten beispielsweise zu Benzedrin. Zugleich kam Gegenwind aus den eigenen Reihen: Reichsgesundheitsführer Leo Conti, beseelt vom Ideal eines allen Giften abholden Ariers, sorgte dafür, dass kritische wissenschaftliche Artikel die Runde machten. 1941 ordnete er die kleinen weißen Pillen ganz offiziell den Betäubungsmitteln zu – ein ideologischer Sieg, der aber praktisch keinerlei Auswirkungen zeigte. Das Oberkommando der Wehrmacht hatte Pervitin längst als kriegsentscheidend eingestuft.

Im Russlandfeldzug entsprach das allerdings nicht mehr der Realität: Auch der effektivste Methamphetamin-Rausch fordert irgendwann seinen Tribut, der Körper muss sich ausruhen. Einen monatelangen Stellungskrieg kann man damit nicht gewinnen. Und spätestens 1944 waren die Langzeitfolgen unübersehbar: ausgelaugte, depressive Soldaten, Psychosen breiteten sich aus.

Die Karriere von Pervitin endete trotzdem nicht 1945. Noch bis 1988 war es als verschreibungspflichtiges Medikament erhältlich. Sowohl Bundeswehr als auch NVA hielten es bis in die 70er Jahre zum Beispiel für Fallschirmjäger vorrätig.

Wer heute die Spuren dieser Zeit in Berlin nachverfolgen will, kommt zu spät. Das Werk in Adlershof, am Flugplatz Johannisthal, ist mittlerweile abgerissen. Die »Drogenküche der Nazis« hat für immer geschlossen.

ERNST SCHERING, DER *Arzneimogul*

2006 gelang der Bayer AG einer der größten Coups der deutschen Wirtschaftsgeschichte im Gesundheitssektor: Sie übernahm die Berliner Schering AG, die zu jener Zeit 25 000 Mitarbeiter beschäftigte und jährlich mehr als fünf Milliarden Euro umsetzte.

Schering war eines der wichtigsten und bekanntesten Traditionsunternehmen der Stadt, eine echte Marke, und viele Berliner nahmen Anteil an dieser Übernahme, wie sie sonst fast nur in den Wirtschaftsnachrichten Beachtung findet.

Ernst Schering zur Weltausstellung 1855

1851 übernahm Ernst Schering die Apotheke in der Chausseestraße 17

Die Unternehmensgeschichte begann im Jahre 1851, als der junge, ehrgeizige Pharmazeut Ernst Schering die Schmeissersche Apotheke in der Chausseestraße 17 (heute Hausnummer 24) übernahm und aus Liebe zur Natur – er wollte ursprünglich Förster werden – in Grüne Apotheke umtaufte. Schering, Sohn eines Gastwirts aus der Uckermark, war begabt und machte sich schnell einen Namen, weil seine Produkte auffallend rein waren. Sogar auf der Pariser Weltausstellung war er 1855 zu Gast und brachte eine Silbermedaille mit nach Hause. Kein Wunder, dass ihm die Offizin bald zu eng wurde und er expandierte: Im Wedding, in der Müllerstraße 171, eröffnete er seine chemisch-pharmazeutische Fabrik. Sie blieb bis zuletzt Stammwerk des Unternehmens.

Schering war nicht nur auf Arzneimittel spezialisiert; vor allem seine Produkte für die Fotoindustrie spülten in den ersten Jahrzehnten Geld in die Kasse. Neben dem wirtschaftlichen Erfolg und der steigenden Zahl der Angestellten war Schering auch dank seines enormen sozialen Engagements bekannt und beliebt in der Stadt: Betriebskrankenkasse, Altersvorsorge, und ab 1928 sogar ein eigener Sportverein – Schering kümmerte sich um die Belange seiner Leute, wollte ihnen eine echte Heimat bieten. Im Gegenzug erwartete er schlicht: gute Arbeit. Sicher auch ein Grund, warum sein Ruf schnell über die Landesgrenzen hinauseilte und ihm schon im 19. Jahrhundert einträgliche Exporte bescherte. Im frühen 20. Jahrhundert schossen Werke in aller Herren Länder aus dem Boden: Russland, England, China, Kuba, Indien, Mexiko, Südafrika, die USA – kein Markt, den Schering nicht erobern wollte.

Das Schering-Stammwerk im Wedding, 1874

Das Schering-Werk im Wedding vor der Übernahme durch den Bayer-Konzern (1993)

Dabei dürften die meisten über Scherings erste pharmazeutische Eigenkreation heute eher lächeln: ein Verjüngungsmittel! Piperazin hieß die Tinktur, die später noch auf ganz anderen Gebieten eingesetzt wurde: gegen Gicht – mit mäßigem Erfolg – und gegen Wurmbefall – mit etwas größerem Erfolg. Bis heute ist die Substanz als Synthese-Baustein Teil vieler Arzneimittel.

Noch einmal in die Arzneimittel-Geschichte ging Schering 1961 ein. Dieses Berliner Unternehmen war es, das die erste Antibabypille für den europäischen Markt herausbrachte: Anovlar – deutlich zuverlässiger und mit weniger Nebenwirkungen behaftet als ihr amerikanisches Pendant Enovid.

Anovlar, die erste »Pille« Europas

Das Schering-ERBE im Deutschen Technikmuseum

Als Firma ist die Schering AG, eines der markantesten Berliner Unternehmen des vergangenen Jahrhunderts, infolge der Übernahme durch den Bayer-Konzern aus der Stadt verschwunden. Doch Schering lebt nicht nur in der Erinnerung fort, sondern auch institutionell: Schon 2002 wurde die unabhängige Schering Stiftung gegründet, die sich zweierlei zur Aufgabe gemacht hat: Grundlagenforschung im Dienste am Menschen zu fördern sowie Kultur und Wissenschaft zusammenzubringen. Seit 1992 wird der Ernst Schering Preis für Grundlagenforschung verliehen, mit 50 000 Euro einer der höchstdotierten Preise in Deutschland. Die bisherigen Preisträger aus aller Welt beschäftigten sich mit so unterschiedlichen Themen wie Kristallformen und

Blick in die Ausstellung »Pillen und Pipetten«, u. a. mit Tablettenautomaten aus verschiedenen Epochen

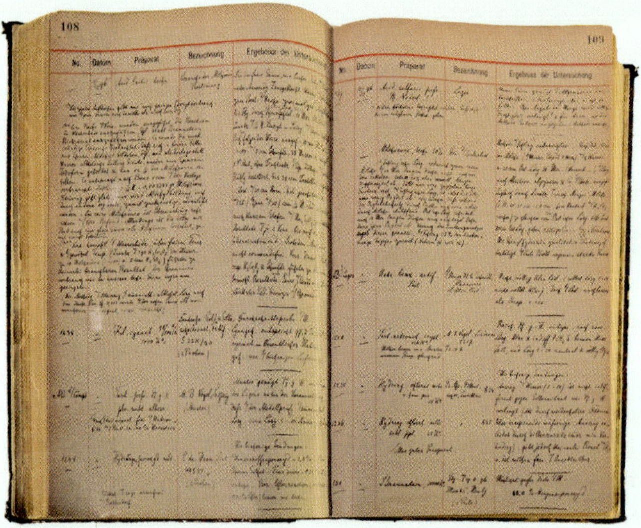

Das Laborberichtsbuch zeugt von der akribischen Dokumentation der Versuchsanordnungen

Tumorgenese. Die Vergabe liegt heute ebenso bei der Stiftung wie ein eigener Kunstpreis und der Schering Preis für die beste Chemie-Promotion des Jahres in Berlin. Unter den Linden 32–34 unterhält sie zudem eine Galerie für zeitgenössische bildende Kunst und interdisziplinäre Projekte zwischen Kunst und Wissenschaft.

Im wisssenschaftlich-kulturellen Leben der Stadt spielt Schering also nach wie vor eine Rolle. Und auch das beeindruckende Firmenarchiv, das sogenannte Scheringianum, wird weiterhin gepflegt: Seit Juli 2008 ist es in Obhut von Corporate History and Archives der Bayer AG. Als eigenständige Außenstelle des Bayer Archivs befindet es sich nach wie vor auf dem Werksgelände im Wedding und kann für wissenschaftliche Recherchen besucht werden. Dafür sollte man Zeit einplanen, denn der Bestand umfasst etwa einen Regalkilometer! Einige Objekte aus dem Schering Museum sind im Besitz der Schering Stiftung verblieben. Dieser Teil der Sammlung ist seit 2010 als Dauerausstellung im Deutschen Technikmuseum

Die molekulare Struktur von Penicillin als 3D-Modell:

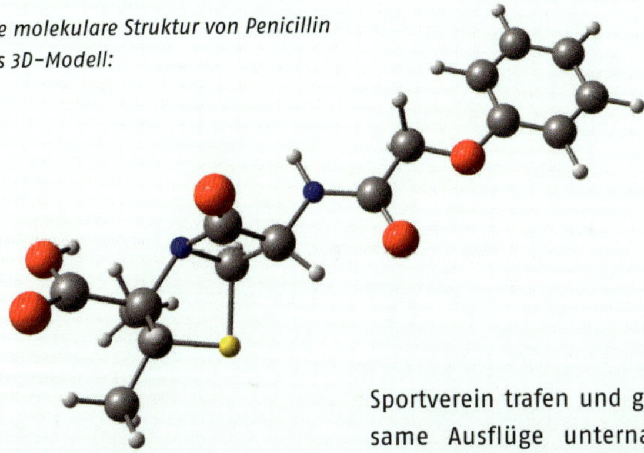

(Trebbiner Straße 9) zu sehen, die sich kein Pharmazie-Interessierter entgehen lassen sollte. Sie heißt »Pillen und Pipetten. Die chemisch-pharmazeutische Industrie am Beispiel Schering«* und empfängt den Besucher in futuristisch-kühler Optik mit Wabenwänden, die Molekülstrukturen symbolisieren. Ausgestellt sind zum Beispiel technische Geräte aus verschiedenen Epochen; Pillenpressen, Destillierapparate und Pipettierroboter. Zeitzeugenberichte zum Nachhören informieren über Arbeitsbedingungen und das Zusammengehörigkeitsgefühl in der »Schering-Familie«, in der sich die Kollegen auch im Sportverein trafen und gemeinsame Ausflüge unternahmen. Man erfährt, dass die Arbeit in einem Pharmalabor hauptsächlich darin besteht, Stoffe zu isolieren, um sie überhaupt erst für neue Synthesen brauchbar zu machen, und wie viele Schritte, Jahre und Millionenkosten zwischen den ersten Prüfungen eines Wirkstoffes und der tatsächlichen Zulassung eines Medikaments liegen. Manches ergibt sich auch auf Abwegen: So war der heutige Antibabypillen-Wirkstoff Drospirenon ursprünglich als Herz-Kreislauf-Medikament in Planung. Doch stellte man quasi im Vorbeigehen eine empfängnisverhütende Wirkung fest und entwickelte in diese Richtung weiter. Schautafeln informieren über Diagnose- und Therapiemodelle, besonders bekannte Medikamente sind sogar als 3D-Modelle zu bestaunen.

* sdtb.de. Die Ausstellung entstand in Kooperation der Stiftung Deutsches Technikmuseum Berlin und der Schering Stiftung und wird gefördert vom Stifterverband für die Deutsche Wissenschaft.

JUNKIES AUF *Rezept*

Ob Görlitzer Park, Hermannplatz oder Kottbusser Tor: Die einschlägigen Berliner Drogenhandelsplätze sind durchaus bekannt. Weniger bekannt dürfte sein: Gerade am Kottbusser Tor werden neben den »klassischen« harten Drogen auch verschreibungspflichtige Medikamente gedealt. Sie machen sogar den Großteil des Verkaufs aus! Es handelt sich vor allem um starke Schmerz- und Beruhigungsmittel wie Benzos (Benzodiazepine), Rosch (Rohypnol), Codein und Tilidin. Hinzu kommen Opiate wie die Heroin-Ersatzstoffe Methadon und Subutex.

Doch wie gelangen solche Medikamente auf den Schwarzmarkt? Wer in die Statistik schaut, stellt fest: Von 2004 bis 2013 ist die Zahl der Rezepte für Betäubungsmittel von sieben auf dreizehn Millionen angestiegen – bei konstanter Bevölkerungszahl. Das ist möglich, weil in Deutschland aus Datenschutzgründen nirgendwo zentral erfasst wird, welche Medikamente in welchen Mengen dem einzelnen Patienten verordnet werden. Deshalb kann ein Patient zu verschiedenen Ärzten gehen und sich eine Arznei mehrfach verschreiben lassen. Vertickt werden dann entweder die Rezepte selbst oder die einzelnen Blister, wobei die Gewinnspanne bei bis zu 500 Prozent liegt. Wer auf Privatrezept zum Beispiel eine Packung Diazepam mit fünf Blistern à zehn Tabletten für insgesamt 14 Euro kauft, kann die einzelnen Blister für 7 Euro weiterverkaufen. Nicht immer handelt es sich dabei um organisierte Kriminalität, sondern oft schlicht um die wirtschaftliche Not des Einzelnen; auch Frührentner und Hartz-IV-Empfänger sind unter den Verkäufern.

Jahrelang auf dem Vormarsch war Tilidin, ein starkes Schmerzmedikament, das vor allem in der Krebstherapie zum Einsatz kommt. Unter jugendlichen Straftätern wurde es in den 00er Jahren sehr beliebt und machte der Berliner Polizei schwer zu schaffen. Denn Tilidin euphorisiert, enthemmt und befreit von Schmerz. Von den rund 2000 Rezeptfälschungen, die die Berliner Polizei 2006/07 ermitteln konnte, ging es in rund 90 Prozent um Tilidin. Auch Mike P., der Sechzehnjährige, der am 27. Mai 2006 bei der Eröffnungsfeier des Berliner Hauptbahnhofs wahllos mit einem Messer um sich stach, soll unter Alkohol- und Tilidin-Einfluss gestanden haben. Es gab 37 Verletzte, davon acht lebensgefährlich. Wegen versuchten Totschlags wurde Mike P. zu sieben Jahren Jugendgefängnis verurteilt. Seit 2013 fällt Tilidin in flüssiger Form nun unter das Betäubungsmittelgesetz; infolgedessen braucht es ein spezielles Betäubungsmittelrezept, um es zu verschreiben. Der Absatz ist drastisch gesunken, doch vom

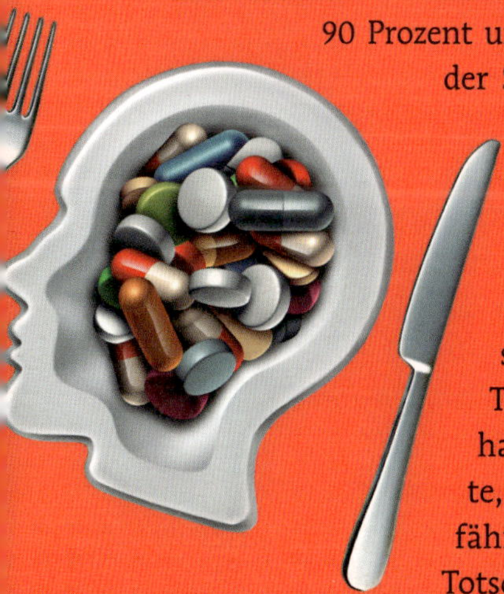

Tisch ist das Problem nicht. Immer wieder werden Fälschungen gemeldet, darunter ein Fall, der im Sommer 2015 dank des aufmerksamen Spandauer Apothekers Abdalmeneim Zourob aufflog. Ihm war aufgefallen, dass ein und derselbe Mann alle zwei Wochen Tilidinrezepte einreichte. Die Rezepte wirkten täuschend echt, doch schließlich entdeckte der Apotheker minimale Unstimmigkeiten und informierte die Polizei, die den Täter bei seinem nächsten Besuch in der Apotheke festnehmen konnte.

2006 sorgte eine andere Substanz für Furore. In sechs Apotheken und den privaten Räumen der Inhaber wurde eine Razzia mit siebzig Beamten durchgeführt. Der Verdacht: Über die Ladentheken sollte kiloweise Ephedrin gegangen sein – definitiv illegal. Die ordnungsgemäßen Abgabemengen waren schon bei den Großhandelsbestellungen der Apotheker deutlich überschritten worden, das fiel aber zunächst niemandem auf. Erst bei stichprobenartigen Kontrollen durch das Gesundheitsamt wurde man aufmerksam. Die Angelegenheit sorgte deshalb für so viel Aufsehen, weil Ephedrin ein entscheidender Synthesestoff für Crystal Meth ist, die Droge mit dem wohl größten Suchtpotenzial und verheerenden Auswirkungen auf Körper und Geist der Betroffenen. Daher werden Apotheker schon hellhörig, wenn jemand größere Mengen Aspirin complex oder Wick Medinait kaufen möchte – denn auch darin ist Ephedrin enthalten. In der Regel wird der Verkauf dann verweigert.

BERLIN-CHEMIE.
EINE *Ost-West*-GESCHICHTE

Die Berlin-Chemie AG trägt die Hauptstadt nicht nur im Namen, sondern ist auch ihrem Standort treu geblieben und heute die Nummer 20 unter den deutschen Pharma-Unternehmen – und die Nummer 1 in Russland. Damit ist sie eine der wenigen echten Erfolgsgeschichten, die der »Aufbau Ost« zu bieten hat. Aber von vorn:

Die Unternehmensgeschichte begann, als die Firma Kahlbaum ihre Spritreinigungsanstalt und Likörfabrik 1884 nach Adlershof verlegte, an den Glienicker Weg. Im Ersten Weltkrieg wurden dort auch Gasgranaten hergestellt. In den 20er Jahren begann eine Kooperation mit Schering, die schließlich in der Fusion mündete und den Produktionsschwerpunkt hin zu Laborchemikalien und Pharmazeutika verschob. Nach dem Zweiten Weltkrieg wurden die Ostberliner Teile des Unternehmens enteignet und in den Volkseigenen Betrieb Berlin-Chemie (anfangs noch VEB Schering) überführt. Dass dieser Übergang ganz gut klappte, lag auch an den Mitarbeitern: Die hatten den ein oder anderen Rührkessel im Boden vergraben, um sich vor Demontage zu schützen, und holten ihr Inventar 1949 wieder hervor. Die Verfahren unterschieden sich erheblich vom heutigen Standard, beispielsweise wurde Insulin noch direkt im Werk aus Tierinnereien isoliert, wobei das Plansoll über den offiziellen Kapazitätsgrenzen der Maschinen stand.

Arbeitsalltag im VEB Berlin-Chemie

Unter dem Dach Berlin-Chemie sammelten sich nach und nach fast alle Berliner Pharma- und Chemiebetriebe, darunter das Gelände an der Regattastraße in Berlin, die ehemaligen Temmler-Werke in Johannisthal und Betriebsteile in Schöneweide. Das Kerngeschäft war der Export in die Sowjetunion – und zwar mit einer Produktpalette von Pflanzenschutzmitteln bis Farben; Medikamente waren nur ein Teil des Geschäfts. In der sozialistischen Wirtschaftsgemeinschaft RGW waren die DDR und Ungarn für Pharmazeutika zuständig und erhielten Großbestellungen direkt aus Moskau – über hinreichenden Absatz musste man sich nicht sorgen.

Trotzdem sah sich das Unternehmen 1990 mit einem Schuldenberg von 69 Millionen Westmark konfrontiert. Doch die Verantwortlichen machten in dieser Zeit einiges richtig und hatten dazu noch das nötige Quäntchen Glück: Hansjürgen Nolde, Betriebsdirektor seit 1982, stellte sich noch unter der DDR-Regierung einem geheimen Mitarbeiterentscheid und sicherte sich die Unterstützung von über 90 Prozent der Belegschaft. So hatte er die nötige Rückendeckung, um sich sofort vom Kombinat zu lösen und die Vermarktung der Produkte in die eigenen Hände zu nehmen. Außerdem konnte er sich in eine entscheidende Kooperation einklinken: die vereinbarte Finanzhilfe nach Moskau für den Abzug der Roten Armee. Die sah nämlich Aufwendungen für Sachlieferungen aus Deutschland vor, und genau da sprang Berlin-Chemie ein und knüpfte neue Verbindungslinien in ein altes Absatzgebiet.

Trotz dieser positiven Vorzeichen unterstand Berlin-Chemie vorerst der Treuhand, die »ihre« Unternehmen schnellstmöglich veräußern wollte. Aber wieder hatte Berlin-Chemie Glück, denn der Käufer war die italienische Menarini Group. Warum das ein Glücksfall war? Der italienische Markt war für die großen internationalen Pharma-Fische als Jagdrevier lange unattraktiv: geringes Absatzpotenzial, dazu ungenügender Patentschutz. Unter diesen Bedingungen konnte die Florenzer Firma Menarini relativ ungestört wachsen und den Charakter eines Familienunternehmens bewahren; den Börsenspekulationen setzte es sich erst gar nicht aus. Mit dem Mauerfall tat sich nun ein Markt auf, der ebenfalls noch nicht von den Big Playern abgegrast war. Menarini schlug zu und setzte weiterhin auf seine Stärke: langfristig denken, Gewinne in die Forschung reinvestieren, lokales Know-how und Personal einbinden. Um das Engagement des neuen Mutterkonzerns zu demonstrieren, trat Firmenchef Alberto Aleotti persönlich vor die Berlin-Chemie-Belegschaft und hielt eine mitreißende Rede in der alten Betriebskantine.

»Gesundschrumpfen« musste sich Berlin-Chemie dennoch, denn die pharmafremden Sparten hatten keine Zukunft und wurden abgestoßen. 2400 von 2800 Mitarbeitern mussten den Dienst quittieren, bevor es bergauf gehen konnte. Zugute kam dem Unternehmen, dass sich während der russischen Finanzkrise 1998 fast alle Mitbewerber aus diesem Markt zurückzogen, weil die Zahlungen ausblieben. Berlin-Chemie hielt die Stellung, schloss individuelle Zahlungsvereinbarungen und bewies einen langen Atem. Mit überwältigendem Erfolg! Dabei ist der russische Markt schwieriges Terrain: dezentral, unübersichtlich. Jede Gebietsverwaltung hat eigene Zulassungspraktiken und Kostenerstattungsmodelle, es ist also eine Menge zu tun für den Außendienst in Russland.

Die interne Struktur am Standort Berlin hat sich stark gewandelt. Arbeiteten früher weit über 90 Prozent des Personals in der Produktion, sind die meisten Mitarbeiter nun in die Sparte Marketing inklusive Außendienst beschäftigt. Pharmavertreter gehen für Berlin-Chemie täglich Klinken putzen. Die Fertigung musste erst einmal nach Britz (Tempelhofer Weg 83) verlagert werden, weil die Anlagen in Adlershof den Anforderungen des neuen Marktes nicht gerecht werden konnten. Die tragenden Säulen des Geschäfts sind heute Herz-Kreislauf-Medikamente und Antidiabetika. Exportiert wird in 30 Länder, zum Beispiel auch in die Mongolei, nach Vietnam und Mazedonien. Die Mitarbeiterzahl liegt mit über 5000 fast doppelt so hoch wie zu DDR-Zeiten.

Industrielle Arzneimittelfertigung übrigens, sagte ein altgedienter Berlin-Chemie-Mitarbeiter, sei auch nichts anderes als die Arbeit in einer Großküche.

Verdampft und vergessen. LOST PLACES *der Pharmazie*

Im Laufe der letzten 150 Jahre wurden viele Standorte der pharmazeutischen Forschung und Industrie aus dem Boden gestampft und auch wieder verlassen. Die meisten wurden gänzlich neu bebaut, manche einfach umgenutzt. So prangt an dem Geschäftshaus in der Oberlandstraße 52–65 immer noch der Schriftzug »Chemische Fabrik Tempelhof«, obwohl diese hier 1997 ausgezogen ist. Das zugehörige Unternehmen hieß da längst ct Arzneimittel und siedelte nach Reinickendorf über. Oder das heutige Cafeahaus in Britz: Es handelt sich um das alte Verwaltungsgebäude der Pharma-Firma Riedel, die bis 1967 hier ihren Hauptsitz hatte.

Doch es gab und gibt auch klassische Lost Places, die besonders in Berlin beliebtes Ziel von Fotografen sind: Gelände und Gebäude, die sich selbst überlassen sind, weil sich kein Investor oder neuer Mieter findet. Es entstehen verwunschene Orte, überwuchert von Gras, angenagt vom Zahn der Zeit, Ziel aber auch von Vandalismus.

Besonders in Ostberlin wird man noch fündig, wo zu DDR-Zeiten peu à peu fast alle Pharma-Betriebe im VEB Berlin-Chemie zusammengefasst wurden, dessen Kerngebiete in Adlershof am Glienicker Weg, in Grünau in der Regattastraße und in Johannisthal am alten Flugplatz lagen.

In Johannisthal waren die Vereinigten chemischen Fabriken H. Temmler ansässig, ab den 20er Jahren eines der prägenden Unternehmen des Stadtteils. Nach dem Zweiten Weltkrieg zog die Firmenleitung nach Hamburg und Marburg um, während das Betriebsgelände enteignet wurde und zwischenzeitlich als VEB Beropharm firmierte, bevor es zu Berlin-Chemie kam. Die Wende überstand dieser Betriebsteil nicht. Viele Jahre lag er brach, wurde zu einem lokalen Mysterium, Legenden rankten sich etwa um das kleine Holzhaus, das ursprünglich als Büro und

Zu den geheimnisumwitterten Lost Places mit medizinisch-pharmazeutischem Bezug gehören in Berlin auch etliche leerstehende Krankenhäuser, z. B. in Neukölln (o.) und Schöneweide

Blick über das verwaiste Gelände von Berlin-Chemie in Adlershof am Glienicker Weg 125 und in ein ehemaliges Laborgebäude

Wohnung für den Prokuristen erbaut worden war. Die Anwohner nannten es »Lenins Geburtshaus« und »Eierhaus«. In den letzten Vorwendejahren diente es als Elektrolager. Erst 2015 wurden die Gebäude abgerissen, um einem Wohnbauprojekt zu weichen.

Ganz ähnlich sieht es in Grünau, Regattastraße 11–49, aus. Hier ließen sich ab 1875 zahlreiche kleine Chemie- und Pharmazieunternehmen nieder, die allmählich mit dem Platzhirsch Landshoff & Meyer Grünau OHG fusionierten, der 1883/84 eine Fabrik mit Kesselhaus, Wohn- und Stallgebäuden errichtet hatte. Mit der Enteignung 1949 wurde der Fokus stark in Richtung Pharmazie verschoben. Auf ein und demselben Gelände wurden Rohstoffe von Chemikern gewonnen und dann am Nordrand in einem zweigeschossigen Backsteinbau zu Pillen und Seren verarbeitet. Für die Hustensaftproduktion gab es eine eigene Baracke hinter dem Pharma-Hauptgebäude. Bis 1995 wurde weiterproduziert, dann musste der Standort aufgegeben werden und fiel in einen jahrelangen Dornröschenschlaf. Der Dünger für die Rosen ließ allerdings zu wünschen übrig: Der Boden war mit Arsen und Kohlenwasserstoffen vergiftet. Das hielt Hobby-Fotografen und Abenteurer nicht fern.

Im neuen Jahrtausend fand sich dann aber doch ein Investor, der sich daranmachte, die Gebäude abzureißen und Gift und Fundamente aus dem Boden zu holen. Zwischendurch gab es den Plan, eine städtische Oase zu schaffen: Villen und Einfamilienhäuser an kleinen Kanälen, mit eigenen Bootsanlegern. »Puerto verde«, grüner Hafen, hieß das Projekt, erwies sich aber als zu kompliziert. Nun entstehen hier auf 100 000 Quadratmetern Land Mehrfamilienhäuser mit Blick auf die Dahme.

Aber was ist mit dem Kerngelände von Berlin-Chemie in Adlershof? Hier steht an vorderster Front ein modernes Verwaltungsgebäude, in jüngster Zeit sind auch wieder Labore eröffnet worden. Doch der Großteil des riesigen Geländes bleibt sich selbst überlassen. Es wird weder genutzt noch beräumt – zumal das Ensemble unter Denkmalschutz steht. Und so schlängeln sich Werksgleise durch meterhohes Gras zwischen nummerierten Backsteingebäuden aus der Gründerzeit hindurch – Trümmervegetation. Was noch im Boden schlummert, weiß niemand so genau. Fenster sind vor Staub und Spinnweben blind, sofern sie überhaupt noch intakt sind. Drinnen stapeln sich Papiere, Gläser und Flaschen, Schubladen sind aufgezogen, die Natur dringt überall ein. Im alten Kantinengebäude hängen über den Ausgabeschaltern noch immer die Hinweise »Mahlzeit I«, »Mahlzeit II« und »Nachtisch«. Reizvoll und unheimlich zugleich, diese vergessene Welt.

Ein Verkauf wie bei den Geländen in Grünau und Johannisthal steht derzeit jedenfalls nicht zur Debatte.

Im weiteren Sinne umfassen die Lost Places der Pharmazie auch die Krankenhausruinen, die es in und um Berlin zu entdecken gibt, denn zu jedem Krankenhaus gehört eine Krankenhausapotheke. Sehr bekannt sind die Beelitz-Heilstätten, westlich von Berlin im Landkreis Potsdam-Mittelmark. Dort werden sogar kommerzielle Foto-Touren angeboten. Das Kinderkrankenhaus in Weißensee in der Hansastraße, eröffnet 1911, 1997 geschlossen, steht unter Denkmalschutz, verfällt aber dennoch. An der Treskowallee in Oberschöneweide stehen die Reste des Königin-Elisabeth-Hospitals, das zwischenzeitlich auch Militärkrankenhaus und Psychiatrie war. Das Gelände wurde stückweise verkauft und neubebaut, das Haupt- und ein Eingangsgebäude stehen aber nach wie vor leer. In Neukölln am Mariendorfer Weg vermodert eine Frauen- und Kinderklinik, bestehend aus einer Hebammenschule vom Anfang des 20. Jahrhunderts und einem Plattenbau aus den 70er und 80er Jahren. Kabeldiebe und Besucher illegaler Partys gaben sich hier lange die Klinke in die Hand. 2016 sind aber Baumaßnahmen für ein Wohnungsprojekt angelaufen.

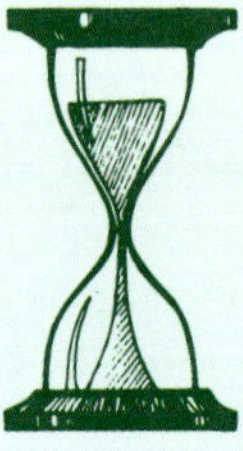

DATEN, ZAHLEN, FAKTEN

Pharma-Industrie

In Deutschland arbeiten rund 330 pharmazeutische Unternehmen mit rund 114 000 Beschäftigten und generieren knapp 40 Milliarden Euro Jahresumsatz, zwei Drittel davon durch Exporte. 2015 wurden Medikamente im Wert von 70 Milliarden Euro ausgeführt.

In Berlin erwirtschafteten 23 Betriebe mit rund 9200 Mitarbeitern 6,5 Milliarden Euro Jahresumsatz (2014), davon 80 Prozent im Ausland, reine Vertriebsniederlassungen von Pharmakonzernen wie etwa Pfizer oder Sanofi nicht mitgezählt.

Die Branche stellt jeden zehnten industriellen Arbeitsplatz in Berlin, trägt 18 Prozent zum Produktionsvolumen und sogar 26 Prozent zum Umsatz der Berliner Industrie bei sowie 30 Prozent zu den Investitionen für Forschung und Entwicklung. Hinzu kommen 18 Biotech-Unternehmen, die ebenfalls an neuen Medikamenten forschen und entwickeln.

Zur Entscheidung für den Standort Berlin tragen vor allem die umfangreiche klinische Forschungslandschaft und die Nähe zu den politischen Entscheidungsträgern bei.

Die Pharma-Industrie hat ein Image-Problem: Obwohl 93 Prozent der Deutschen angeben, Vertrauen in die Wirksamkeit von Arzneimitteln zu haben, und 81 Prozent überzeugt sind, durch Medikamente eine verbesserte Lebensqualität erreicht zu haben, sind nur 19 Prozent gegenüber der Pharma-Industrie positiv eingestellt. Hauptgrund dafür: 60 Prozent der Deutschen halten Arzneimittel für überteuert. Generell gilt die Pharma-Industrie als gewinn-, nicht patientenorientiert.

Recht und Organisation

Erst seit 1968 gibt es eine bundesweite Apothekenbetriebsordnung, in der zum Beispiel die Mindestausstattung mit Gerätschaften festgehalten wurde. Bis dahin galten für Berlin teils noch preußische Bestimmungen. Die Regelungen sind streng: Jede Apotheke braucht eine amtliche Genehmigung, nur ein approbierter Apotheker kommt als Inhaber infrage. Erst seit 2004 ist es einem Apotheker erlaubt, mehr als eine Apotheke zu besitzen – nämlich maximal vier. Bis zur Approbation braucht es acht Semester Studium, ein praktisches Jahr und drei Staatsexamensprüfungen.

Organisiert haben sich Apotheker erst spät; aus dem Raster der Zunftordnung fielen sie, weil sie schlicht zu wenige waren. Erst im 18. Jahrhundert entstand eine nennenswerte Zahl von Selbstorganisationen wie die Berliner Apotheker-Konferenz (ab 1774) für standespolitische Fragen oder die Berliner Pharmaceutische

Gesellschaft (ab 1796) zur Pflege der Wissenschaft. Letztere ist die Vorgängerin der bis heute maßgeblichen wissenschaftlich-pharmazeutischen Vereinigung DPhG (Deutsche Pharmazeutische Gesellschaft). Wichtigster Repräsentant der Branche wurde der Deutsche Apotheker-Verein (DAV), gegründet 1872, ebenfalls mit Sitz in Berlin. Heute muss außerdem jeder Apotheker einer Apothekerkammer angehören. Seit 1950 existiert der Dachverband ABDA (Bundesvereinigung Deutscher Apothekerverbände), seit 2002 in Berlin ansässig.

Seit dem 16. Jahrhundert gibt es verbindliche Arznei-Vorschriftenbücher, die sogenannten »Pharmacopoeaen«. Für die EU gilt heute die Datenbank EudraPharm der Europäischen Arzneimittel-Agentur. Die deutschen Zulassungen verzeichnet die ABDA auf pharmazie.com; das gängigste Druckwerk ist die »Rote Liste«.

Apotheken

In den über 20 000 Apotheken Deutschlands sind rund 100 000 verkehrsfähige Medikamente erhältlich. In Berlin gibt es 854 Apotheken, dazu 13 Krankenhausapotheken. 2015 eröffneten 12 Apotheken neu, 17 schlossen ihre Pforten. Von den 725 Apothekeninhabern sind 55 Prozent weiblich.

Der durchschnittliche Jahresumsatz einer Apotheke beträgt 2,024 Millionen Euro, davon bleibt ein durchschnittlicher Jahresgewinn vor Steuern von 129 000 Euro.

Deutschland liegt mit einer Versorgungsdichte von 25 Apotheken je 100 000 Einwohner unter dem EU-Durchschnitt von 31, Berlin mit 24,5 sogar noch etwas niedriger.

72 Prozent der Deutschen gehen bei kleineren gesundheitlichen Beschwerden erst in die Apotheke, nicht zum Arzt. 98 Prozent erachten die Apotheke vor Ort gerade für Notfälle als unverzichtbar.

Trotz des Verkaufs von Zusatzprodukten sowie rund 650 Millionen rezeptfreien Medikamenten pro Jahr entfallen über 80 Prozent des Umsatzes in Apotheken nach wie vor auf rezeptpflichtige Medikamente. Um zu überleben, braucht eine Apotheke mindestens zwei Ärzte in Laufnähe.

16 Prozent der Ausgaben der Krankenkassen entfallen auf Pharmazeutika.

Noch heute werden gut 14 Millionen Rezepturen jährlich direkt in der Apotheke hergestellt, also nicht als industrielle Fertigarznei verkauft.

Pharmazie-Ausbildung

In Deutschland bieten 22 Universitäten Pharmazie-Studiengänge an. Von den knapp 150 000 Studierende sind rund 800 an der Freien Universität Berlin eingeschrieben. Die Durchfallquote beim 2. Staatsexamen liegt unter einem Prozent. Das Durchschnittsalter der Absolventen beträgt 26 Jahre, die Frauenquote 77 Prozent.

57 Prozent der Studierenden im 8. Semester, dem letzten der Regelstudienzeit, fühlen sich nicht ausreichend auf die pharmazeutische Praxis vorbereitet.

Über 80 Prozent der approbierten Apotheker arbeiten in öffentlichen Apotheken, 3,5 Prozent in Krankenhausapotheken und rund 9 Prozent in der Pharma-Industrie, insbesondere in der Forschung und Qualitätskontrolle. Annähernd 2 Prozent gehen einer Tätigkeit in Prüfinstituten oder Behörden, knapp 1 Prozent im Lehrbetrieb nach.

Beruflich in die Apotheke führt auch die Ausbildung zum Pharmazeutisch-technischen Assistenten (PTA). Dabei schließt sich dem zweijährigen Berufsfachschulbesuch ein halbes praktisches Jahr an. Die pharmazeutisch-kaufmännischen Assistenten (PKA) hingegen durchlaufen eine klassische duale Ausbildung. Insgesamt sind in deutschen Apotheken knapp 60 000 PTA und gut 33 000 PKA angestellt; der Frauenanteil liegt bei 98 Prozent.

Side Effects

Eine halbe Million Deutsche erleiden jährlich schwere Neben- und Wechselwirkungen von Medikamenten, für etwa 25 000 Patienten mit tödlichem Ausgang.

Patienten im Krankenhaus erhalten im Schnitt zwölf verschiedene Medikamente. Allerdings kann bereits ab fünf parallel eingenommenen Wirkstoffen nicht mehr eindeutig zwischen Krankheitssymptomen und Nebenwirkungen unterschieden werden.

Jedes fünfte Medikament wird nicht vorschriftsmäßig eingenommen. Viele verordnete Medikamente werden überhaupt nicht eingenommen, beispielsweise 50 Prozent der Blutdrucksenker. Daraus entstehen jährlich 4000 Tonnen Arzneimittelmüll im Wert von 4 Milliarden Euro.

Jedes fünfte in Deutschland zugelassene Medikament kann »die Fähigkeit zur aktiven Teilnahme am Straßenverkehr oder zum Bedienen von Maschinen beeinträchtigen«.

Über 13 Prozent der Suizide erfolgen durch eine Vergiftung mit Arzneimitteln. Besonders häufig kommen dabei Antidepressiva, Schlafmittel und Blutdrucksenker zum Einsatz. Bei den Selbstmordversuchen – etwa zehnmal so viele wie vollendete Suizide – wird oft auf Paracetamol zurückgegriffen, doch dabei kann fast immer rechtzeitig geholfen werden. Neben den Medikamentensuiziden gibt es auch Todesfälle durch Vergiftung mit Betäubungsmitteln und Psychopharmaka, bei denen unklar ist, ob es sich um einen Unfall oder Absicht handelte. Diese Todesfälle belaufen sich in Berlin auf 150 pro Jahr.

Bundesweit wurden 180 verschiedene Arznei-Wirkstoffe in der Umwelt nachgewiesen, vor allem in Gewässern. Das Kernproblem ist nicht der Müll – der in Deutschland überwiegend verbrannt wird –, es sind die Rückstände, die Patienten ausscheiden (das entzündungshemmende Schmerzmittel Diclofenac zum Beispiel wird oft nur zu 30 Prozent verwertet) und die von den Klärwerken nicht vollständig entfernt werden können. Mit der Rückführung in den Wasserkreislauf geraten sie dann sowohl ins Grundwasser als auch in Oberflächengewässer. Bedenklich sind insbesondere Hormone, die zu einer Verweiblichung von Fischen führen, Antibiotika wegen drohender Resistenzen und nierenschädigende Schmerzmittel. Das Thema bewegt die Öffentlichkeit, seit in Berlin 1994 erhöhte Konzentrationen Clofibrinsäure, Abbauprodukt eines Cholesterinsenkers, im Trinkwasser nachgewiesen wurden. Seitdem wurden keine Konzentrationen mit unmittelbarem Gesundheitsrisiko mehr gemessen. Über die Langzeitfolgen permanenter Mikrodosen ist aber bisher wenig bekannt.

Quellen:
Pharma-Daten 2015 | Jahresbericht der Apothekerkammer Berlin 2015 | www.abda.de | www.pharmahauptstadt.de | www.healthcapital.de | www.elsevieranalytics.com

Das weltweit höchste ausgestellte Dinosaurierskelett, ein Giraffatitan, ist in der Eingangshalle des Museums zu bestaunen

Der BENECKE-*Spezialtipp: Cross-over im Naturkundemuseum*

Vor dreißig Jahren wuchs aus dem verfallenen Ostflügel des Berliner Naturkundemuseums noch ein Baum. Diese Ruhe ist vorbei: Alleine schon wegen seiner saucoolen Dino-Eingangshalle ist das Museum heute ein weltweiter Hingucker, der sich mit seinen New Yorker und Londoner Pendants gut messen kann. Auch die Video-Präsentation zur Entstehung unseres Universums – nur im Liegen zu genießen –, mehr aber noch die Rekonstruktion der Urmutter aller Fantasy-Drachen, des echten Stygimolochs (abgeleitet vom Höllenfluss Styx und dem Dämon Moloch), bleibt jeder und jedem in Erinnerung. Die Wirklichkeit, das lehrt dieses Museum sofort, ist der Erfindung immer voraus.

Leider verstehen wir die Bedeutung dieser Tatsache aber nicht immer. Denn bekannt ist beispielsweise, dass »die Natur« in Knoblauch und Schimmelpilzen vorliegende, keimhemmende Wirkstoffe hervorbringt. Und es gäbe noch viel mehr zu entdecken. Auf den Philippinen streifte ich beispielsweise in den 90er Jahren mit einem alten Mann durch den Urwald, der einen Kräuterkranz um den Hals trug. Er war sich sicher, dass ihm dieser gegen Husten hilft. Das hört sich komisch an, doch erstens kannte er jede Menge andere Urwald-Tricks, die erkennbar funktionierten – beispielsweise, Wasser aus Bambusrohren zu trinken, wenn die Wassersäule darin nach einem Machetenhieb zusammenbricht. Zweitens kenne ich genügend Menschen in Südeuropa, die sich einen »Bergtee« aus dem Lippenblütler-Gliedkraut Sideritis brauen. An dessen Wirkung kann man glauben oder nicht; NaturwissenschaflerInnen messen ja eh, was dran und drin ist. Die Kollegen Knörle und Schnierle haben das mit »Bergtee« getan und festgestellt, dass

Mark Benecke in den Ausstellungsräumen des Naturkundemuseums

seine Inhaltsstoffe – α-Pinen, β-Pinen, β-Caryophyllen, Limonen, 1,8-Cineol, Carvacrol, Germacren D, Spathulenol, Myrcen, α-Bisabolol, Caryophyllenoxid, Fenchon und Sabinen – nicht nur gegen Entzündungen, sondern niederschwellig auch gegen Gemütsverstimmung wirken. Sie funktionieren ähnlich wie viele in der Apotheke nur auf Rezept erhältliche Antidepressiva.

Wie gut und stark Wirkstoffe sind, lässt sich in doppelt verblindeten Versuchen herausfinden. Dazu erhalten PatientInnen von den BehandlerInnen zufällig ausgelost entweder ein Scheinmedikament ohne Wirkstoffe oder die zu testende Substanz. Wichtig ist nur, dass niemand – auch die ÄrztInnen nicht – weiß, was verabreicht wird. Andernfalls kommt es zu unbewussten Beeinflussungen der Versuche. Man nennt solche Tests darum »doppelt« verblindet. Sie sind der Goldstandard aller Wissenschaft am Menschen. Wenn sich ein Wirkstoff dabei als brauchbar erweist, wird er zum Medikament.

Als Student dachte ich, dass das Reservoir der Natur viele Krankheiten heilen könnte, doch der – absolut gemessen – stark steigenden Anzahl erkrankter

Die Sammlungen des Naturkundemuseums sind ein Reservoir für künftige Pharma-Forschung

Das Museum beherbergt Präparate der Hälfte aller bekannten Fischarten der Welt

Menschen, der Schwere vieler Leiden und unserem Wunsch, schnell und sicher zu gesunden, können die schwankenden Heilkräfte durch Tees und Kräuterauszüge im Ernstfall nicht genügen. Es ist also vernünftig, die Entwicklung von Medikamenten ins Labor zu verlagern. Doch was wäre, wenn uns beim Moleküleschieben eine grobe, aber gute Idee durch die Lappen geht?

So etwas passiert öfters. Beispielsweise ging der Nobelpreis für Chemie im Jahr 2014 an Stefan Hell. Er durchbrach durch Querdenken die seit Erfindung des Mikroskops bestehende Auflösungsgrenze – das von Ernst Abbe aus Jena formulierte »Abbe-Limit«. Auch der an Kary Mullis verliehene Nobelpreis für die Erbsubstanz-Kopier-Reaktion entstand in einem – gelegentlich etwas zu weit – jenseits des Üblichen denkenden Kopf. Es könnte daher gut sein, dass ein Rundgang durch die Artenpracht der Welten im Naturkundemuseum junge und offene Geister blitzen lässt.

Darum sollten pharmazeutisch interessierte LeserInnen – und das sind Sie ja, sonst würden Sie diese Zeilen nicht lesen – zusammen mit Jüngeren bitte so oft wie möglich in den musealen Fluren des Berliner Naturkundemuseums spazieren, flanieren, ins Café am Eingang einkehren und die Ideen wild schweifen lassen.

Die eigentlich ehrfurchtgebietenden Wände zur Darstellung der Artenvielfalt nebst zehntausender, gelblich schimmernder Fische in Gläsern sind dann nicht bloß ein skurriler Blickfang. Denn sie zeigen, dass wir gerade unsere Notreserve an neuen Wirkstoffen auslöschen. Wir sind schließlich mittendrin im umfangreichsten Artensterben der letzten Jahrzehntausende. Es dürfte bald keine Amphibien mehr geben, und ganze Länder saufen wegen der Eisschmelze ab.

An keinem anderen Ort als einem Naturkundemuseum fließen Steine, Drachen, Pflanzen, Fischgläser, das Universum und wir so leicht und schön und schnell zusammen in unsere Köpfe. Schauen Sie daher öfter mal rein und verknüpfen Sie Ihr bisheriges Wissen mit dem Ihrer BegleiterInnen und den Ideen, die manche Ausstellungsstücke erst dann geben, wenn man sie mit anderen Augen betrachtet. Vielleicht entsteht dabei der Anstoß für einen neuen Wirkstoff, eine neue Forschungs- oder im Bestfall sogar Heilungs-Idee.

Literatur

Gerhard Alcer: Lebenserinnerungen eines Apothekers. Als Industrieapotheker im VEB Chemisches Werk Berlin-Grünau. Berlin 2002

Friedemann Bedürftig: Geschichte der Apotheke. Von der magischen Heilkunst zur modernen Pharmazie. Köln 2005

Lothar Fischer: Anita Berber. Göttin der Nacht. Berlin 2007

Karl-Heinz Frömming: 100 Jahre Pharmazeutisches Institut in Berlin Dahlem 1902–2002. Festschrift. Berlin 2002

Hermann Glander: Theodor Fontane. Apotheker und Schriftsteller. Hrsg. vom VBB Pharmazeutische Industrie. Berlin 1969

Anke Grabow: Luft zum Atmen. Eine Berliner Apothekengeschichte über mehr als ein Jahrhundert. Berlin 2013

Axel Helmstädter, Jutta Hermann und Evemarie Wolf: Leitfaden der Pharmaziegeschichte. 2., überarbeitete Auflage. Eschborn 2011

Hans Holländer: Geschichte der Schering Aktiengesellschaft. Berlin 1955

Humboldts Grüne Erben. Der Botanische Garten und das Botanische Museum in Dahlem 1910–2010. Sonderausstellung des Botanischen Museums Berlin-Dahlem. Hrsg. vom Botanischen Museum Berlin-Dahlem und H. Walter Lack. Berlin 2010

Nicole Klenke: Zum Alltag der Apothekergehilfen vom 18. bis Anfang des 20. Jahrhunderts. Stuttgart 2009

Alexander Kraft: Chemie in Berlin. Geschichte, Spuren, Persönlichkeiten. Berlin 2012

Norman Ohler: Der totale Rausch. Drogen im Dritten Reich. Mit einem Nachwort von Hans Mommsen. Köln 2015

Paul Ronge: Im Namen der Gerechtigkeit. Erinnerungen eines Strafverteidigers. München 1963

Schering. Von der Grünen Apotheke zum Weltunternehmen. Hrsg. von der Schering Aktiengesellschaft Berlin. Berlin 1996

Manfred Stürzbecher: Die Apotheke in Berlin im Laufe der Jahrhunderte. Hrsg. von der Apothekerkammer Berlin. Frankfurt/Eschborn 1987

Versicherungsstelle für Apotheker: Es war einmal ... Begebenheiten aus Apotheken 1886–1896. Stuttgart 1986

www.luise-berlin.de – Lexikon von A–Z zur Berlingeschichte und Gegenwart

KRISTJAN KNALL
BERLIN
ZUM ABKACKEN
ALLE ARSCHLÖCHER NACH BEZIRKEN
EIN HANDBUCH
EULENSPIEGEL VERLAG

rbb
museum für
naturkunde
berlin
TRISTAN
Berlin zeigt Zähne – T. rex Tristan
im Museum für Naturkunde Berlin
WWW.NATURKUNDEMUSEUM.BERLIN

Bildquellen

BerlinApotheke 23; Berliner Schloss, Hofapotheke / Großes Laboratorium, SPSG, GK II (1) Mappe 155 A 24, Stiftung Preußische Schlösser und Gärten / SPSG 58; Botanischer Garten und Botanisches Museum Berlin-Dahlem, Archiv 78; Bundesarchiv, Bild 183-59655-0002 u. Bild 183-Z0305-022 120; Drägerwerk AG & Co. KGaA 26; Ines Fischer 6, 137, 139 o.; Institut für Pharmakologie - Charité, Hannelore Glatte 65; Glen Glover 31; Klosterfrau Gesundheitsservice 81, 82; Hwa Ja Götz, MfN 136, 139 u.; Christian König 13, 25, 27, 33, 61, 62, 113, 114; maps.google.de / DetKan 125 o., 126; maps.google.de / Ralf Pätzold 125 u.; ORA 30; Jorge Royan 75;
picture alliance / akg-images 41; picture alliance / dpa 90; picture alliance / ZB 8, 100, 111 u.; Schering Archiv, Bayer AG 109, 111 o., Wellcome Images 71; Axel Kretschmann 92

Nicht in jedem Fall konnten die Urheber ermittelt werden. Berechtigte Honoraransprüche bleiben gewahrt.

ISBN 978-3-360-01319-4

Umschlaggestaltung: Verlag, Karoline Grunske
unter Verwendung eines Fotos von Thorsten Fröhlich
Druck und Bindung: Printed in EU

Die Bücher des Verlags Das Neue Berlin
erscheinen in der Eulenspiegel Verlagsgruppe.

www.eulenspiegel.com